朱龙云讲语文

语文错谬指摘

朱龙云/著

中国青年出版社
CHINA YOUTH PRESS

图书在版编目（CIP）数据

朱龙云讲语文：语文错谬指摘 / 朱龙云著 . 一北京：中国青年出版社，2014.8
ISBN 978-7-5153-2583-5

Ⅰ.①朱… Ⅱ.①朱… Ⅲ.①中学语文课—高中—教学参考资料 Ⅳ.① G634.303

中国版本图书馆 CIP 数据核字 (2014) 第 172168 号

朱龙云讲语文：语文错谬指摘
朱龙云著

出版发行：中国青年出版社
地　　　址：北京市东四十二条21号
邮政编码：100708
电　　话：（010）59521188 / 59521189
传　　真：（010）59521111
企　　划：北京中青雄狮数码传媒科技有限公司
责任编辑：刘冰冰
封面设计：金　刚
印　　刷：北京市玖仁伟业印刷有限公司
开　　本：710×1000　1/16
印　　张：15
版　　次：2014年9月北京第1版
印　　次：2014年9月第1次印刷
书　　号：ISBN 978-7-5153-2583-5
定　　价：30.00元

本书如有印装质量等问题，请与本社联系　电话：（010）59521188
读者来信：reader@cypmedia.com

一生正气为人师
——读《语文错谬指摘》(代序)

中国社科院 刘新文

我有幸读到朱龙云老师的《语文错谬指摘》出版前的书稿，知道朱老师多年来一直敢于指摘语文课本中不少人讳言的错谬，我联想到西晋哲学家杨泉的"一生正气为人师，两袖清风能生威"的诗句，联想到"一生正气"的人可作为楷模榜样的哲理，我想，若把诗中的"人师"理解成人民教师，尤其是理解为语文教师和语文教材的编写者，这诗句真可作他们职业生涯的座右铭。《语文错谬指摘》的作者能直率而中肯地指摘着那么多错谬，首要的是其具有这种可为人师的"正气"。

"正气"是指为人的正心诚意。《礼记·大学》云："欲修其身者，先正其心；欲正其心者，先诚其意；若诚其意者，先致其知，致知者在格物。"这些话可以说是古人对"正气"的一种诠释：有"正气"的人心灵很纯正，待人有诚意，能格物致知，能对客观事物认真地考察、检验和探究，获取正确的知识，具有真知灼见。对语文教师而言，具有正气，就必会对语文教材认真钻研，从而真正明白其诗文的妍媸美丑，有胆识有勇气地指出媸丑，纠错正误。否则，教材中即使是一目了然的错谬也没眼力发现，或没胆量指摘。语文教材中长期存在那么多显而易见的错谬，也可佐证，这种正气，非常值得语文界倡导和弘扬。

在《语文错谬指摘》中，从那轻松的文笔中，作者似乎也在明示于他的同行：我挑剔出的错谬，并不是很难发现的，其中有的是常识问题，如《司马迁与〈史记〉》中："《史记》开创了我国古代两千多年经传体的历朝的

'正史'的先河"，《史记》成书于公元前约104至公元前91年，《史记》成书后的"我国古代"哪有两千多年？又如"一叶知秋"是一个已具有固定意义的成语，不能随意添义变义，而《现代散文的小与大》中竟把"一叶知秋"语意等同于"见微知著"；有的课文观点片面武断，与众所周知的事实或公理定论相抵牾，如《漫谈清高》中"诸葛亮高卧隆中没有为天下人办事时才可以称为清高，成为丞相，为'国'操劳，鞠躬尽瘁就无人说他清高了"，这话与诗圣杜甫在《咏怀古迹》中盛赞"诸葛大名垂宇宙，宗臣遗像肃清高"的诗句明显相迕，并且《辞海》早把这两句诗作为运用清高的例句，这怎能说诸葛亮成为丞相就无人说他清高了？又如《我的呼吁》中的"我确信，现代人的理性必能创造出伦理的观点"，竟不是在说"生命的伦理"还没有创造出来吗？而"伦理"是人们相互关系应遵循的道理和准则，它是人们相互关系中自然形成和确立的，早已有之，并非要等待现代人以后去凭理性去创造来。朱老师指摘的众多的类似错谬，读者读后也必定会认同这些错谬是明显的，一目了然的。还有朱老师指摘的"《枯叶蝴蝶》事理相悖""《散文艺术的魅力》文风不正""《天鹅》的开头莫名其妙""《孔孟》结尾大而不当"等弊病，语文教师们若细心地研读课文，也都不难发现。

为什么这些显著的弊病能存在课文中，让其谬误流传？

有家语文月刊在发表朱老师的《〈远见〉是优秀作品吗？》时，加了段编后语，提出了一个类似但更有趣更有深意的问题："《远见》在写作上确实存在严重毛病，朱龙云同志在《〈远见〉是优秀作品吗？》一文中所作的分析是中肯的……编辑的眼睛应该是挑剔的。《远见》一文为什么能一再躲过编辑的眼光，被当作优秀文章多次转载呢？"（摘自朱龙云《文章得失例析》一书）语文教材编者的眼睛应该是比一般编辑更挑剔的，高中语文教师大多数辨识诗文优劣的能力也是比较高的，为什么语文教材中不难发现的弊病能躲过那么多的编者和语文教师的眼光？我认为主要是他们缺乏正心诚意，缺乏正气，从而缺乏责任心，缺乏钻劲。责任心强，有正心诚意，对语文教材必能认真钻研，必能真正明白其诗文的妍媸美丑，也就必定不忍心让学生错把鱼目当珍珠，误食糟粕为精华，从而必有正气和勇气，正心诚意地指摘错谬，纠错正误。否则，就不会认真研读教材，只好拾人牙慧，人云亦云，对名人名家名作盲信盲从，甚至明知是错谬，或者是为尊者为上者讳，或者为避自己惹上意外的麻烦，就视而不见，闭口不谈；或者因为语文报刊极少刊登敢直言教材弊病的文章，难找到发表挑剔指摘言论的地方，无奈地心淡气泄，因而语文教材中不少弊病赫然在语文教师的目光下长年存在，以至于像《金色的稻束》这样令人难以理解的诗文，不仅被当成佳作选为高考语文试卷中的阅读文，进而以讹传讹，再被选作高中必修的课文。

课文，是学生学习的范文，其中的弊病，即使是瑕疵，教师若不能发现，或发现了不予指正，任学生照搬和仿写，必定贻误不浅。要规范祖国的语言，减少文章中的弊病必须从源头抓起，必须尽力使教材的语言符合规范，力求课文完美。《语文错谬指摘》的出版，必定会激励广大语文教师和语文工作者，树立正气和勇气，增强责任心和钻劲，敢于质疑和指摘，敢于激浊扬清，纠错正误，进而言传身教，培养学生辩证思维和独立思考能力，使他们不盲信盲从，有探究质疑的胆识和魄力，促使语文教育的现状得到改观。

除语文教师和语文工作者外，《语文错谬指摘》对于其他读者，也定有启迪，它可"使曾经的高中生明白自己曾误把鱼目当珍珠，使今后的高中生别再误食糟粕为精华"。尤其是那些天天和文字打交道的笔杆子们，若能翻翻《语文错谬指摘》，必会使自己的诗文减少甚至避免出现类似高中语文中的弊病。

（刘新文　中国社科院研究员、博士）

前　言

　　我们语文教师在发还学生作文本时，常有学生指着被修改过的病处，带着不无讥讽的语气反驳：某篇课文或某名文中也是这样写的。言下之意，语文老师乱批乱改。碰到这种情况，语文教师往往感到尴尬而无奈。若指出某课文某名文的那个句子也有错谬吧，搞不好会引起意想不到的副作用，惹上不必要的麻烦；不说吧，等于默认自己评改错了。自己失威失敬不要紧，让学生以非为是，把病语当佳句，实在于心不忍。例如先前的语文课本上有篇朱德回忆去世了的母亲的文章，题目却是《母亲的回忆》，学生读后，他们的口中和笔下，就不时把"想念父母""怀念朋友"一类话说成"父母想念""朋友怀念"，以至把"缅怀先烈""悼念死者"说成"先烈缅怀""死者悼念"。又例如毛泽东的"忠诚党的教育事业"，先前不仅语文课本及一切有关中国教育的书刊上出现的频率特多，并且作为大字标语写在各地的墙壁上，于是学生作文中就不乏"忠诚党的农村工作"（卫生工作、妇女工作等等）"忠诚人民""忠诚祖国""红心永忠党，壮志定诚民"等一类话。看到这类词句，不评不改不讲析，老师失责缺德；一个小小的教师若无所顾忌地告诉学生："母亲的回忆"宜改为"回忆母亲"或"关于母亲的回忆"，"忠诚党的教育事业"中须加介词"于"，那年月的学生不仅难听进去，可能还会怀疑老师对领袖的态度。改革开放后，前者在课本中被修改了，后者不再提了，如果我们的学生长此以往，都学说学写"忠党诚民""先烈缅怀"一类话，那汉语将是怎样的一种语言。可见名人名文和语文课文使用规范的语言，对规范祖国语言何等重要。

名文，尤其是课文，它们是学生学习的范文，其中的弊病，即使是细微的瑕疵，教师若不能发现，或发现了不予指出，任学生照搬和仿写，必定以讹传讹，贻误不浅。

遗憾的是，我们现用的语文教材，其中的弊病并未比先前的少，反而更多了，而造成的不良影响，也并不比先前的小。例如，"一叶落而知天下秋"这古语，早已成了"一叶知秋"这个成语，有确定的意义，在辞书中都把它诠释为比喻发现一点预兆就能预料到事物发展的趋向与结果，但普通高中课程标准实验教科书《语文》（选修，2006 年版）中，有篇由编者写的《现代散文的小与大》，把它曲解为"由微知著"，现在很多中学生以至一些中学语文教师都把"一叶知秋"当作"见微知著"来应用了。2013 年有篇题为《一叶知秋》（附《＜现代散文的小与大＞曲解成语》后）的满分作文，把"一叶知秋"等同"见微知著"，进而引申为要注重细枝末节，全文围绕"细节"的话题进行阐释论说。这显然是篇文不对题的作文，但获得了满分，不仅在网上广泛流传，还作为"论说文之典范"编入一些满分作文的专辑中。2013年九、十月份，我应约写《2013 年高考 100 篇满分作文展评》时，发现那些满分作文中的语病几乎都是照抄或类似语文教材中的病句。可见语文教材的弊病，即使只是一些瑕疵，也是不应忽视的。否则，必定贻误不浅。

正由于这种担忧，尤其是看了山东省 2013 年高考作文题中"为当代著名作家的作品挑错"和莫言"请别人挑错，可能是消除谬误的好办法"的话，所以我在《2013 年高考 100 篇满分作文展评》脱稿后，也对语文教材进行了一阵"挑错"。近日有几位同行和文友看了我挑错的稿子，力劝我尽早将课本中那些错谬公之于世，使曾经的高中生明白自己曾误把鱼目当珍珠，使今后的高中生别再误食糟粕为精华。现在我把这些"挑错"和我 1990 年后写的有关名文弊病辨析的文章合编成一起，因被"挑错"辨析的多是高中语文教材的诗文，故命名为《语文错谬指摘》。

本书共 42 篇，辨析病文占 34 篇，其中 28 篇是辨析高中语文课本和高中语文读本中的诗文，排在前，按其诗文在高中语文课本和读本中 1 至 6 册的顺序编排。除病文辨析外，其余 8 篇中，有 3 篇是对高中课文误读误导的指正，有 3 篇是对高考语文试卷或模拟试卷中的选文和考题的异议。还有两篇是有关培养学生独立思考和辨析能力的论说文。

我任教时写的课文弊病辨析的篇章，多是同学生一起在课堂上研讨后写成的。其写成后，有些在报刊上发表了，也有些，如"《枯叶蝴蝶》事理相悖""《冬天之美》语病甚多""无休止地挨打，还笑？——高中语文中《两首诗》质疑""《作家要锤炼语言》的语言颇欠锤炼""我们竟出生在古代——《司马迁与〈史记〉》语病例析""读不懂的《哲学家皇帝》"等，寄给了有关出版社。被指摘的这些课文，在随后新版的语文课本中，都先后被删除了。

编写此书，期望以此为减少课文及其他名文的弊病贻误尽点绵薄之力。期望读者读书不要把鱼目当珍珠，误食糟粕为吸取精华，从而提高辨别妍媸美丑的能力和提高读写能力，更期望读者能从拙著中得到启迪，不要盲信盲从名人名文，要独立思考，努力培养自己敢于探究质疑的气魄和直抒己见的胆识。

我们写文章很难完美无缺，课文名文尚且有不少弊病，一般水平的笔杆子写的，其弊病更是难免。因此，除了语文教师和学生外，那些笔杆子们若能翻翻《语文错谬指摘》，可能也会有所启迪。

《语文错谬指摘》是一家之见，不免有不少浅陋以至错误之处，期望读者指正。本人意为对语文教学进些言，将拙著抛出，更衷心期望它能起到抛砖引玉的作用。

朱龙云

2014 年 7 月于北京

目　录

课文名文弊病辨析

I

课文误读误导辩正

高考选文考题异议

独立思考辨析刍议

课文名文弊病辨析

《冬天之美》语病甚多

《冬天之美》是法国女作家乔治·桑的一篇散文。不知是原文存在着语病还是翻译的原因，这篇只有 20 句 600 字左右的短文章竟有七句明显地用词不准确或表意不清。

全日制普通高级中学教科书《语文》（人民教育出版社 1997 年版）第一册上的《冬天之美》是法国女作家乔治·桑的一篇散文。不知是原文存在着语病还是翻译的原因，这篇只有 20 句 600 字左右的短文竟有七句明显地用词不准确或表意不清。现按文中句序将它们摘抄于后，并予以简析。

第①句："我无法理解富翁们的情趣，他们在一年当中最不适于举行舞会，讲究吃穿和奢侈挥霍的季节，将巴黎当作狂欢的场所。"

这句中的"最不适于举行舞会，讲究吃穿和奢侈挥霍"是"季节"的定语，言下之意，似乎在一年当中还有什么季节适于奢侈挥霍。殊不知奢侈挥霍既不同于举行舞会，也有别于讲究吃穿，它是一种腐败行为，任何季节，任何时候都"不适于"的，都应被谴责和制止。

第④句："在我国的大都市里，臭气熏天和冻结的烂泥几乎永无干燥之日，看见就令人恶心。"

"臭气冲天"与"冻结的烂泥几乎永无干燥之日"是并列关系，还是"臭气熏天"和"冻结的"同属"烂泥"的定语？若是前者，臭气不是凭眼睛看得见的，"臭气熏天"与"看见"搭配不当；如果是后者，烂泥已经冻结，也就不会臭气熏天了，即使是堆狗屎，冻结了也是闻不到臭气的。

第⑦句："我们的富翁所过的人为的，悖谬的生活。违背大自然的安排，结果毫无生气。"

"人为的"是"生活"的定语，"人为的生活"，是生造的词语，令人不知其所云。人的生活就是指人的各种活动，人的生活没有人为的生活和非人为的生活之分。

第⑩句："当太阳拨开云雾，当它在严冬傍晚披上闪烁发光的紫红色长袍坠落时，人们几乎无法忍受它那令人眩目的光芒。"

"拨开云雾"与披上长袍坠落，如果当作并列关系去理解，那么"雾"字后应加"时"。若是这样，太阳拨开云雾时，太阳在傍晚坠落时，其光芒都令人无法忍受，那么无法忍受的次数太多，时间太长，有失美感，似不合文义。如果"拨开……披上……坠落……"是承接关系，那么"当它"两字就必须删除。句中的"眩"是个别字，应该是"炫"。

第⑭、⑮两句："报春花、紫罗兰和孟加拉玫瑰躲在雪层下面微笑。由于地势的起伏，由于偶然的机缘，还有其他几种花儿躲过严寒幸存下来，而随时使你感到意想不到的欢愉。"

这两句语意前后相忤。报春花等在雪层下面微笑，这说明报春花等喜欢雪爱雪，雪层可爱可亲，这句中的冬天美丽可爱。而"其他几种花儿躲过严寒幸存下来"中的"幸存"说明寒冬冷酷凶残，它摧残花儿扼杀花儿，只有几种花儿免遭厄运幸存下来，这话中冬天的形象是可怕可恶的。再说，报春花等既然躲在雪层下面，人们又怎么能看见它们在微笑呢？

第⑰句："当地面的白雪像璀璨的钻石在阳光下闪闪发光，或者挂在树梢的冰凌组成神奇的连拱和无法描绘的水晶的花彩时，有什么东西比白雪更加美丽呢？"

这句中的"当……时"中写的是白雪和冰凌两个事物的美，而后面"有什么东西比白雪更加美丽呢"，只说白雪美丽，双起单承，把冰凌说脱了。

以上摘抄的七句，存在着显而易见的语病。关于第②句中说富翁们在冬天"将巴黎当作狂欢的场所"，第⑦句中却说他们这种"人为"的生活毫无生气，这截然相反的狂欢与毫无生气怎么能由同一个冬天引发同时存在？第⑧句"英国人比较明智，他们到乡下别墅去过冬"中的"明智"又是什么意思？法国人（包括富翁和穷人）没有到乡下别墅去过冬的，难道都是因为不明智？像这些话说得是否合情合理是值得探讨和商榷的，但这不是三言两语说得清的，由于篇幅问题，不在此赘述。

（1997 年）

附：冬天之美

乔治·桑

①我从来热爱乡村的冬天。②我无法理解富翁们的情趣，他们在一年当中最不适于举行舞会、讲究穿着和奢侈挥霍的季节，将巴黎当作狂欢的场所。③大自然在冬天邀请我们到火炉边去享受天伦之乐，而且正是在乡村才能领略这个季节罕见的明朗的阳光。④在我国的大都市里，臭气熏天和冻结的烂泥几乎永无干燥之日，看见就令人恶心。⑤在乡下，一片阳光或者刮几小时风就使空气变得清新，使地面干爽。⑥可怜的城市工人对此十分了解，他们滞留在这个垃圾场里，实在是由于无可奈何。⑦我们的富翁所过的人为的、悖谬的生活，违背大自然的安排，结果毫无生气。⑧英国人比较明智，他们到乡下别墅去过冬。

⑨在巴黎，人们想象大自然有六个月毫无生机，可是小麦从秋天就开始发芽，而冬天惨淡的阳光——大家惯于这样描写它——是一年之中最灿烂、最辉煌的。⑩太阳拨开云雾，当它在严冬傍晚披上闪烁发光的紫红色长袍坠落时，人们几乎无法忍受它那令人眩目的光芒。⑪即使在我们严寒却偏偏不恰当地称为温带的国家里，自然界万物永远不会除掉盛装和失去盎然的生机，广阔的麦田铺上了鲜艳的地毯，而天际低矮的太阳在上面投下了绿宝石的光辉。⑫地面披上了美丽的苔藓。⑬华丽的常春藤涂上了大理石般的鲜红和金色的斑纹。⑭报春花、紫罗兰和孟加拉玫瑰躲在雪层下面微笑。⑮由于地势的起伏，由于偶然的机缘，还有其他几种花儿躲过严寒幸存下来，而随时使你感到意想不到的

欢愉。⑯虽然百灵鸟不见踪影，但有多少喧闹而美丽的鸟儿路过这儿，在河边栖息和休憩！⑰当地面的白雪像璀璨的钻石在阳光下闪闪发光，或者当挂在树梢的冰凌组成神奇的连拱和无法描绘的水晶的花彩时，有什么东西比白雪更加美丽呢？⑱在乡村的漫漫长夜里，大家亲切地聚集一堂，甚至时间似乎也听从我们使唤。⑲由于人们能够沉静下来思索，精神生活变得异常丰富。⑳这样的夜晚，同家人围炉而坐，难道不是极大的乐事吗？

《枯叶蝴蝶》事理相悖

枯叶蝴蝶掩饰其美色，伪装成丑物，是为免遭被捕杀的厄运，并非是作伪藏奸，骗人害人，这与奸人、坏人、恶人的虚伪做作有本质的区别，这种伪装实在无可非议。至于它最终没能躲过人类的捕杀，"最后也还是被出售"，这不能责怪枯叶蝶的伪装，只能说明滥捕滥杀它的人类比其他天敌更难防、更可怕。

全日制普通高级中学教科书《语文》（人民教育出版社中学语文室编著，1997年版）第一册上的《枯叶蝴蝶》是篇叙事说理托物抒情的散文，它讲的是峨眉山下有一种"比最美的蝴蝶可能还要美丽些"的枯叶蝶，"为了保护自己"会伪装成枯叶。但是，"有一种生物比它还聪明，这种生物的特技之一是装假作伪，因此装假作伪这种行径是瞒不过这种生物——人的"，"这种生物"（人）把枯叶蝶制作成标本，高价出售，于是枯叶蝶"快要绝种了"。

这是《枯叶蝴蝶》写物叙事部分，在这部分里非常聪明、美丽、可爱的枯叶蝶，为了保护自己，为了延续自己所属的物种，苦心孤诣，忍辱负重，伪装成枯叶，化美为丑，装死求生，令人惋惜，令人同情，令人赞叹。可是，使人莫明其妙的是，作者在紧接的说理抒情部分，对恃强凌弱滥捕滥杀枯叶蝶的行径不置一词，而对弱小的枯叶蝶的伪装无情地嘲讽和责怪，并苛求枯叶蝶及类似枯叶蝶的一切生物都应该展开它们的翅膀，显出它们的真相：

"我们既然有一对美丽的和真理的翅膀，我们永远也不愿意阖上它们，做什么要装模作样，化为一只枯叶蝶，最后也还是被出售，反而不如那翅膀两面都光彩夺目的蝴蝶到处飞翔，被捕捉而生生不息。

我要我的翅膀两面都光彩夺目。

我愿这自然界的一切显出它们的真相。"

在弱肉强食的环境里，在面临吞食或捕杀厄运而无力反抗时，收敛美姿美色，伪装成枯叶躲逃，这怎能说是装模作样呢？此时此境，枯叶蝶们如果真按作者要求，都展开两面都光彩夺目的翅膀到处飞翔，那它岂不是自投罗网自取灭亡？那怎么还能生生不息？正因为枯叶蝶并非那样鲁莽愚蠢，那样不懂策略，而是藏美装丑，以屈求伸，以"死"求生，伪装成枯叶，从而"谁也不去注意它，谁也不会瞧它一眼"，这才躲过了天敌和人类的捕杀，使枯叶蝶这一物种保存至今，成了"峨眉山最珍贵的特产之一"。它伪装，它掩饰其美色伪装成丑物，是为免遭被捕杀的厄运，并非是作伪藏奸，骗人害人，这与奸人、坏人、恶人的虚伪做作有本质区别，这种伪装实在无可非议。至于它最终没能躲过人类的捕杀，"最后也还是被出售"，这不能责怪枯叶蝶的伪装，只能说明滥捕滥杀它的人类比其他天敌更难防、更可怕。对于弱小的枯叶蝶来说，捕杀枯叶蝶的人，他们捕杀枯叶蝶的能耐能量，他们的凶狠凶残，并不亚于日寇对付一个弱女子，林彪四人帮处置一个"臭老九"。假如一个美女伪装成丑婆，躲过了许多色鬼，但最终还是遭了日寇的强暴，谁能忍心去责怪美女作伪不去展现她的美貌？"文革"中，对"马列主义顶峰""一句顶一万句"之类持有异议的人，就会遭到割喉管的厄运，难道能苛责"臭老九"手捧语录口呼万岁，违心地说些"放之四海而皆准"的反辩证法的套话？难道能苛求他们应展开"真理翅膀"飞翔吗？那时又怎能让你的"翅膀两面都光彩夺目"呢？"我愿自然界的一切都显示它们的真相"，如果真如作者希冀的，自然界的一切不管时间、场合，都显示出它们的真相，不少物种恐怕早已灭绝了。而人类社会，在还存在着剥削压迫，存在着强权暴政，存在着欺小凌弱、弱肉强食等丑恶现象的时代，不首先去谴责消灭"强暴"，却苛求弱者在"强暴"者面前，不要伪装躲逃，要显示真相，那只能让弱者张开"美丽的和真理的翅膀"引诱强敌捕杀自己，加速身亡种绝。

《枯叶蝴蝶》是篇叙事说理托物抒情的散文。众所周知，叙事说理托物抒情，所叙的事必须能导出所说的理，所托的物必须能寄寓所抒的情。假如所描述的事物是美的善的，是可褒赞的，而用这事物象征比喻的人事以及人的思想行为等却是丑的恶的，是应该贬斥的，那么这种叙事说理托物抒情的文章，必然前后抵牾，所说的理，读者难以认同，所抒的情，读者不会接受。《枯叶蝴蝶》中的蝴蝶伪装枯叶，其伪装是防范强暴，躲避捕杀，保护自己，从而使枯叶蝶这一物种保存下来，成为最珍贵的特产之一，而导致枯叶蝴蝶快要绝种的最可怕的是那种能识破枯叶蝴蝶伪装、认出枯叶蝴蝶真相的人。枯叶蝴蝶的伪装对己对"人"都是有益的，是可赞的；而识破枯叶蝴蝶的伪装，认出枯叶蝴蝶真相，是滥捕滥杀的前提，这种识破伪装认出真相是一种"虐杀生灵的罪孽"，是必须斥责和制止的。而《枯叶蝴蝶》在说理抒情部分中贬斥的装模作样掩盖真相是指人间那种假面孔，是虚伪做作、骗人骗己、害人害己的卑劣行径，这与上文中枯叶蝴蝶的伪装是完全不同的，有着本质的区别，由此可见，篇末的"我愿自然界的一切都显示出它们的真相"这个主旨，与上文写的枯叶蝴蝶伪装枯叶可赞、而识破伪装认出真相可恶的事相背离。因此，我认为《枯叶蝴蝶》的主旨与材料、情与物、理与事相忤相悖。

（1997年）

附：《枯叶蝴蝶》

徐　迟

　　峨眉山下，伏虎寺旁，有一种蝴蝶，比最美丽的蝴蝶可能还要美丽些，是峨眉山最珍贵的物产之一。

　　当它阖起两张翅膀的时候，像生长在树枝上的一张干枯了的树叶。谁也不去注意它，谁也不会瞧它一眼。

　　它收敛了它的花纹、图案，隐藏了它的粉墨、彩色，逸出了繁华的花丛，停止了它翱翔的姿态，变成了一张憔悴的，干枯了的，甚至不是枯黄的，而是枯槁的，如同死灰颜色的枯叶。

它这样伪装，是为了自己。但是它还是逃不脱被捕捉的命运。不仅因为它的美丽，更因为它那用来隐蔽它的美丽的枯槁与憔悴。

它以为它这样做可以保护自己，殊不知它这样做更教人去搜捕它。有一种生物比它还聪明，这种生物的特技之一是装假作伪，因此装假作伪这种行径是瞒不过这种生物——人的。

人把它捕捉，将它制成标本，作为一种商品出售，价钱越来越高。最后几乎把它捕捉得再也没有了。这一生物品种快要绝种了。

到这时候，国家才下令禁止捕捉枯叶蝶。但是，已经来不及了。国家的禁止更增加了它的身价。枯叶蝶真是因此而要灭绝了。

我们既然有一对美丽的和真理的翅膀，我们永远也不愿意阖上它们。做什么要装模作样，化为一枯叶蝶，最后也还是被出售，反而不如那翅膀两面都光彩夺目的蝴蝶到处飞翔，被捕捉而又生生不息。

我要我的翅膀两面都光彩夺目。

我愿自然界的一切都显示它们的真相。

《作家要锤炼语言》的语言颇欠锤炼

——试析该文第三自然段

《作家要锤炼语言》一文，讲的是要"认真地锤炼我们的语言"。按理说，这篇文章应作表率，在语言上认真地"加工锤炼"，使之成为人们学习"语言的典范"。可是，它在语汇、语法、逻辑、语意等方面都有不少"疏漏"，语言颇欠锤炼。仅以第三个自然段为例，全段十三句话，竟没有一句称得上精炼的，并且存在着多处"可以克服的语言运用上的毛病"。

全日制普通高级中学教科书《语文》（人民教育出版社 1990 年版）第一册上的《作家要锤炼语言》一文（以下简称《作家》），讲的是要"认真地锤炼我们的语言"。按理说，这篇文章应作表率，在语言上认真地"加工锤炼"，使之成为人们学习"语言的典范"。可是，它在语汇、语法、逻辑、语意等方面都有不少"疏漏"，语言颇欠锤炼。仅以第三个自然段为例，全段十三句话，竟没有一句称得上精炼的，并且存在着多处"可以克服的语言运用上的毛病"。现将该段标明句序，照抄如下，然后逐句试析于后。

①如果一个工人要学习快速切削，一个农民要讲究密植程度，作家又怎么能随随便便地对待自己的语言呢？②我们知道，"自然物质"赤裸裸的思想是并不存在的，思想要通过或者依附于一定的东西——画家用色彩线条，音乐家用音响旋律，文学家用的主要是语言。③而且当我们把这种语言称作文学语言或者艺术语言的时候，这就意味着：它同时要具备绘画和音乐的特点，有色彩、有音响地来描写生活和反映思想。④当然一篇作品的生活和思

想是主要的，内容在根本关键上总在决定着形式。⑤但也不能够设想：丰富的生活和深刻的思想，却可以通过贫乏而苍白的语言来表现。⑥一个作家能不能向读者提出这样的要求呢？⑦譬如说："我的故事非常生动，思想也百分之百正确，可就是一点：不善于运用语言。⑧请你根据我所想的，不要根据我所写的来判断吧，那才算公道哩。"⑨显然，这是废话。⑩读者不可能付出这样的"公道"。⑪任何人都只能按照作家所运用的语言的形式来判断他要表达的内容，判断他所描写的生活和思想。⑫语言在这里起着相对的作用。⑬一个作家如果在语言运用上从来没有苦闷，从来不曾对语言进行过斗争，我敢断言，他不会是一个好作家。

第①句"如果一个工人要学习快速切削，一个农民要讲究密植程度，作家又怎么能随随便便地对待自己的语言呢？"把作家要认真对待语言与工人要学习高速切削，农民要讲究密植程度相比，不伦不类。高速切削讲的是充分利用时间，讲究密植程度是要合理利用空间。工人农民对时间或空间利用得好与不好，只是关系到产品数量的多与少，与产品质量高低关联不大。工人没有学习高速切削，农民没有讲究密植程度，能生产合格的农产品和工业品。而作家随随便便对待自己的语言，根本就出不了像样的作品。

第②句"我们知道，'自然物质'赤裸裸的思想是并不存在的，思想要通过或者依附于一定的东西——画家用色彩线条，音乐家用音响旋律，文学家用的主要是语言。""我们知道"后面的话，恐怕绝大多数读者是不知道的，也不会苟同的。"我们知道"后面的话似乎在告诉我们，若没有色彩线条、音响旋律、书面文字，"自然物质'赤裸裸的思想'"是不存在的。这不令人奇怪吗？是艺术作品反映现实，还是现实依附于艺术作品呢？愚妇在神像脚下跪跪拜拜，战士面对入侵者端枪冲杀，这些行为表现出的迷信思想或爱国思想，不比色彩线条、音响旋律、书面文字更"赤裸裸"吗？难道看见愚妇在神像前跪拜却不知道她有什么思想，待到画家用色彩、线条将她跪拜的形象画出来后，我们才知道她有迷信思想吗？《作家》的作者似乎把"思想"这个概念与"人"这个"自然物质"的思想颠倒了。殊不知先有人的思想这个客观存在，然后才有思想这个概念、这个词语，才有表现它的形式，才有反映它的艺术品。

另外，从语法上来讲，这句话还存在着显而易见的毛病："通过"是介词，"依附"是动词，不能并列使用，而"通过"与"东西"不能相配搭。

第③句"**而且当我们把这种语言称作文学语言或者艺术语言的时候，这就意味着：它同时要具备绘画和音乐的特点，有色彩、有音响地来描写生活和反映思想。**"这句话似乎在说：没有"具备绘画和音乐的特点"的语言，都不能称作文学语言或艺术语言。这太强人所难了。古今中外，即使是语言艺术大师，大约也没有几篇作品的语言全具备了这个特点。例如鲁迅《社戏》中的"从九点看到十点，从十点看到十一点，从十一点看到十一点半，从十一点半看到十二点，然而叫天竟还没有来"，这些话哪里具备了"绘画"和"音乐"的特点？难道它们不能称作文学语言或者艺术语言？

第④"**当然一篇作品的生活和思想是主要的，内容在根本关键上总在决定着形式。**"此句中的"在根本关键上"，与第⑤句"**但也不能够设想：丰富的生活和深刻的思想，却可以通过贫乏而苍白的语言来表现**"中的"也"、"够"，如果锤炼一下，把它们锤掉，语言简洁且表意更准确。

第⑥至第⑩四句，"**⑥一个作家能不能向读者提出这样的要求呢？⑦譬如说：'我的故事非常生动，思想也百分之百正确，可就是一点：不善于运用语言。⑧请你根据我所想的，不要根据我所写的来判断吧，那才算公道哩。'⑨显然，这是废话。⑩读者不可能付出这样的'公道'。**"其中第⑥这个设问句，设想作家的话，实在把一个作家设想得太浅薄而太自夸了，而回答中的"读者不可能付出这样的公道"的话，又太武断了。更不应该的是《作家》的作者竟把语言、想、说、写这四者的紧密关系割裂开来。众所周知，语言是思维的工具，是思想的直接现实。想就是在运用语言。难道不善于运用语言能想出情节生动、思想正确的故事吗？把想的说出来，如同把想的写出来一样，是使想的变成直接的现实。但有的人由于文字功底不深或其他原因，讲出的故事要比写出来的生动正确，而读者（即听者）根据他所说的，而不是根据他所写的书面文字，判断他所讲的故事到底是否"非常生动、思想也百分之百正确"，这样的判断，这样的"公道"，为什么不可付出呢？请你"来判断"并不等于叫你做他的应声虫。一个人——何况是个作家——

在"请你"评价、判断他所想出的故事时，必定要讲讲他所想的故事的内容。如果他讲的故事干瘪无趣的，尽是些糟粕，而自以为生动、正确，并企图叫人认定，为之瞎捧场，这种捧，正直的读者才不可能付出。对于第⑥至第⑩句，不恭地套用一句："这是废话"。

第⑪句**"任何人都只能按照作家所运用的语言的形式来判断他要表达的内容，判断他所描写的生活和思想。"** 此句中竟把"运用的语言的形式"当作"运用的语言"的同义语。它们是两个不同的概念，人们只能按照作家所运用的语言来判断他表达的内容，绝不会按照作家运用的语言的形式——例如横写还是竖写——来判断。

第⑫句："**语言在这里起着相对的作用。**"根据第⑪句"任何人都只能按照作家所运用的语言的形式来判断"中的"只能"来理解，"语言的形式"倒是起了决定的作用，而语言本身却只是起着相对的作用，语言的形式竟决定了语言的内容和作用，这岂不是说颠倒了吗？这不也与第④句中的"内容在根本关键上总在决定着形式"相互抵牾吗？

第⑬句**"一个作家如果在语言运用上从来没有苦闷，从来不曾对语言进行过斗争，我敢断言，他不会是一个好作家。"**句中的"对语言进行过斗争"，语言是人类交际的工具，人们怎么会同自己使用的工具作斗争呢？这只能作为一种加工过的艺术语言来理解，但这样加工不太合适，如果将"从来不曾对语言进行过斗争"，改成"从来不曾锤炼过语言"，表意要准确明白得多。我们切不可同语言去作斗争，只有下功夫去很好地掌握和运用语言这个工具，并用它来为语言的纯洁性而斗争。

（1991 年）

附：《作家要铸炼语言》
唐 弢

提起文学语言，人们立刻会想到高尔基的话："语言是文学的基本材料，文学是语言的艺术"。说真的，这是连耳膜也听得起了茧的老话了。不过这句话包含的严肃的意义，却还没有引起足够的注意。例证之一是：我们有些作品里存在着一些可以克服的语言运用上的毛病，我们的作家没有重视它们，没有提到高尔基说的那个原则的高度，认真地消灭它们，解决它们。

难道这仅仅是由于疏漏的缘故吗？

如果一个工人要学习高速切削，一个农民要讲究密植程度，作家又怎么能够随随便便地对待自己的语言呢？我们知道，"自然物质"的赤裸裸的思想是并不存在的，思想要通过或者依附于一定的东西——画家用色彩线条，音乐家用音响旋律，文学家用的主要是语言。而且当我们把这种语言称做文学语言或者艺术语言的时候，这就意味着：它同时要具备绘画和音乐的特点，有色彩、有音响地来描写生活和反映思想。当然，一篇作品的生活和思想是主要的，内容在根本关键上总在决定着形式。但也不能够设想：丰富的生活和深刻的思想，却可以通过贫乏而苍白的语言来表现。一个作家能不能向读者提出这样的要求呢？譬如说："我的故事非常生动，思想也百分之百正确，可就是一点：不善于运用语言。请你根据我所想的、不要根据我所写的来判断吧，那才算公道哩"。显然，这是废话。读者不可能付出这样的"公道"。任何人都只能按照作家所运用的语言的形式，来判断他要表达的内容，判断他所描写的生活和思想。语言在这里起着相对的作用。一个作家如果在语言运用上从来没有苦闷，从来不曾对语言进行过斗争，我敢断言：他不会是一个好作家。

我们的古人在诗歌创作上强调"炼字"，主张"意胜"，要做到"平字见奇，常字见险，陈字见新，朴字见色"。这就说明他们对艺术语言的重视，要求人们在这方面下刻苦的功夫。贾岛诗云："两句三年得，一吟双泪流。"卢延让也说："吟妥一个字，拈断数茎须。"大概越是出色的作家，越不肯放松对自己的语言铸炼。相传王安石写"春风又绿江南岸"，先用"到"字，再改"过"字，又换"入"字、"满"字；经过多次更易，最后才选定了"绿"字。刘公勇在词话里，极口称道"红杏枝头春意闹"，认为"一闹字卓绝千古"。据说这个"闹"字也经过多次改动，临末才确定下来。其实"绿"也罢，"闹"也罢，好处就在于准确，鲜明，生动，带有动态地刻划了春天的蓬勃的生机。可见形象的突出，还必须依靠语言的渲染。福楼拜对他的学生莫泊桑说："无论你所要讲的是什么，真正能够表现它的句子只有一句，真正适用的动词和形容词也只有一个，就是那最准确的一句、最准确的一个动词和形容词。其他类似的却很多。而你必须把这唯一的句子、唯一的动词、唯一的形容词找出来。"这说的正是同样的道理。我看古今中外，在文学语言的运用上，都不能离开这一条：刻苦的追求和严格的选择。

要求语言能够准确，鲜明，生动，作家必须不断地丰富自己的笔头：向生活汲取，从人民的口头采集。普希金跟他的奶妈学习语言；列夫·托尔斯泰一接触到民间语言，便写信告诉斯特拉霍夫，立意改变自己文风和语法；契诃夫和客人谈话，听到句把有趣的谚语，总是要求对方再说一遍，然后拿出小本子把它记下来；阿·托尔斯泰开始写作的时候，感到掌握语言的困难，对创作十分灰心，后来有人送他一本法院里审问犯人的记录，里面记着各种各样人的口供，几乎都是活生生的俄罗斯语言，依靠这个宝藏成功地写出了小说《诱惑》。高尔基说得更有趣，他说："从十六岁开始，我就是作为一个别人私语的旁听者，一直活到现在的。"他有一大堆记录这种语言的小册子。当然，作家们除了关心活的语言外，也从来不排斥书本，不忘记向本国和外国的先辈学习。一个人倘不把已有的文化积累——包括语言——尽可能地占为己有，并且从这个基础上跨开步去，那他实际上是不懂得利用条件，让自己处在优势的地位。不过作为语言的取之不尽、用之不竭的源泉，毕竟还是来自活人——尤其是人民群众的口头。

历史已经不止一次地告诉我们：当社会急遽变化的时候，新的事物不断涌现，旧的关系不断改变，语言受到冲击，随着发生变化。我们的眼前出现一个大矿藏。由于这种语言的规律还没有完全成形，显得幼稚，粗糙，混乱，然而其中的确有宝贝，埋藏着"语言的金子"。如果不加选择地按原样搬用，势必破坏民族语言的纯洁，倘使加工铸炼，却可以创造艺术语言的典范。这就是摆在作家面前的形势：走前一条路，他将成为社会主义时代的三家村学究；走后一条路，我说我们应该向他祝贺，他有可能成为我们时代的语言艺术的大师。是我故意张大其词吗？不！我以为我倒是不折不扣地道出了客观的真相。

认真地铸炼我们的语言吧，对于作家来说，我们所处的是一个千载难逢的时代，一个在艺术语言上可以深入创造的时代！

《致橡树》中有两字很伤诗意

诗中的"送来"将爱与被爱的主宾语弄反了；"也爱"则把所爱的主次颠倒了。"送"和"也"两字很伤诗意。若把"送来"改成"送去"，把"也爱"改成"更爱"，则表意确切而诗意盎然。

全日制普通高级中学教科书《语文》（人民教育出版社，2003 年版）第一册中的《致橡树》，是舒婷写的一首影响较大的爱情诗。诗人用象征拟人的手法，把橡树象征比拟为被爱的对象。全诗共 36 行。1 至 13 行写"我"对攀附型、痴恋型和一味奉献型三种世俗的爱情观的否定和批驳。在作者看来，爱情不是像凌霄花攀缘橡树般的一方攀附，不是像痴情鸟重唱绿荫般的单方痴恋，也不像泉源给树送清凉的慰藉似的一味地奉献。诗人对第三种一味奉承的爱情观是这样写的：

也不止像泉源，
长年送来清凉的慰藉；
也不止像险峰，
增加你的高度，衬托你的威仪。
甚至日光。
甚至春雨。
不，这些都还不够！

这些诗句中的泉源、险峰、日光、春雨，都是象征比喻"我"对橡树的奉献，都是"我"给予橡树的，是"我"送去的，因此，"长年送来清凉的慰藉"，应该是"我"奉献的泉源，给橡树"送去"了清凉的慰藉，而不是相反给"我""送来清凉的慰藉"，因此"来"字应改为"去"字。

　　14至27行，诗人从正面写自己的爱情观。诗人把"我"拟作"木棉"，必须和"橡树"平列而站，"根，紧握在地下，叶，相触在云里"。这是写相爱双方必须平等独立，又时刻相互关照。这种关照，是相互默契，心灵息息相通："每一阵风过／我们都互相致意，／但没有人／听懂我们的言语。"这种平等独立是"你有你的铜枝铁干／像刀、像剑，／也像戟；／我有我红硕的花朵／像沉重的叹息，／又像英勇的火炬。"即"你"保有"你"的刚强不屈，锋芒锐利，具有阳刚气概等的男性特点；"我"保有"我"女性的美貌和气质。但我们必须共同——

> 分担寒潮、风雷、霹雳，
> 我们共享雾霭、流岚、虹霓。
> 仿佛永远分离，
> 却又终身相依，

　　双方必须在独立平等的前提下，相知相依，荣辱与共，有福同享，有难同当。这四行，应该是全诗的诗旨。它的意义应该比相互平等、有共同语言、有伟岸的身躯等更深更重要，这大概也是诗人所憧憬的爱情最珍贵之处。第28行至结尾就是诗人对这种爱情的评说和赞美：

> 这才是伟大的爱情，
> 坚贞就在这里：
> 不仅爱你伟岸的身躯，
> 也爱你坚持的位置，
> 足下的土地。

"伟大的爱情"，不仅爱你伟岸挺拔的身躯，爱你的容貌、气质、才华成就等；更爱"你"能与"我"福祸与共，相知相依。这就是诗人最向往的爱情，这是她心目中"伟大的爱情"、"坚贞"的爱情。

　　现在的年轻人，也许很不理解，以为福祸与共、相知相依，这是夫妻双方最基本的要求，这怎能称得上伟大的爱情？殊不知这首诗写于1977年3月27日，发表于1979年《诗刊》第4期。这之前，在"文化大革命"中，在大搞阶级斗争的岁月里，有多少原本恩爱的夫妻，为自保，为升迁，在运动中，一方挨批挨斗时，另一方就离婚，弃之而去；甚至"紧跟形势"，揭发批判，落井下石，沦为帮凶，置对方于死地。那时被批被斗的夫妻的一方，若另一方能坚持相知相依、福祸与共，这对被批被斗的那一方是多么温暖伟大的爱情。

　　"这才是伟大的爱情中"的"这"，根据诗意，就是上指那种"分担""共享""终身相依"，即指爱情伟大之处是坚贞，是相知相依，荣辱与共，有福同享，有难同当。可是，令人无法理解的是，诗人在"这里"之后竟加了个冒号，冒号后竟来了这么三行：

　　　不仅爱你伟岸的身躯，

　　　也爱你坚持的位置，

　　　脚下的土地。

　　在"这里"后加冒号，"这里"肯定是后指了，"这里"竟把"伟大的爱情"缩小成只是"不仅爱你伟岸的身躯，也爱你坚持的位置，脚下的土地"。"这里"的"伟岸的身躯"，无疑是概述"你的铜枝铁干／像刀、像剑，／也像戟"，是指刚强不屈，锋芒锐利，具有阳刚气概等的男性特点；而"位置"和"土地"，是同义反复，同是指"坚贞"，是指"你"能与"我"福祸与共，相知相依，白头到老，是指你脚踏实地站在很负责任的丈夫的位置上，实心实意地与"我"福祸与共，相知相依，白头到老，是指"这才是伟大的爱情"。诗中的这个"也爱"，竟把"爱你伟岸的身躯"摆在首位，而把"爱你坚持的位置，足下的土地"放在次要地位，主次颠倒，这也与"这才是伟大的爱情"相抵牾。按照诗意，"也爱"宜改为"更爱"，突出伟大的爱情伟大之所在。

总之，诗中的"送来"将爱与被爱的主宾语弄反了；"也爱"则把所爱的主次颠倒了。"送"和"也"两字很伤诗意。若把"送来"改成"送去"，把"也爱"改成"更爱"，则表意确切而诗意盎然。

有的文章说："'土地'可以理解为一切内在精神领域的东西，可以有对祖国、故乡、母亲、事业的爱，更有对其人生追求的爱"，"诗人用'土地'来寄寓自己的情感，它是不定的意象，绝不仅仅只是祖国和事业。"对一首诗，读者的理解可以有无限丰富的想象，但我认为《致橡树》这首朦胧的爱情诗，虽然诗意朦胧，我们还是应该把它当爱情诗来解读为好。把它理解成"对祖国、故乡、母亲、事业的爱，更有对其人生追求的爱"，把它理解成寄寓对"祖国和事业"的情感，我觉得这种理解没有来由，与全诗的诗情诗境难以吻合，有些扯得太远太高了。再说，假如真是"诗人用'土地'来寄寓自己的情感……绝不仅仅只是祖国和事业"，假如"土地"的外延和内涵更广更丰富，更伟大，那"也爱"就更应改为"更爱"。

（2013 年 7 月）

附：《致橡树》

舒 婷

我如果爱你——
绝不像攀援的凌霄花，
借你的高枝炫耀自己：
我如果爱你——
绝不学痴情的鸟儿，
为绿荫重复单调的歌曲；
也不止像泉源，
常年送来清凉的慰藉；
也不止像险峰，增加你的高度，衬托你的威仪。

甚至日光。

甚至春雨。

不，这些都还不够！

我必须是你近旁的一株木棉，

做为树的形象和你站在一起。

根，紧握在地下，

叶，相触在云里。

每一阵风过，

我们都互相致意，

但没有人

听懂我们的言语。

你有你的铜枝铁干，

像刀，像剑，

也像戟，

我有我的红硕花朵，

像沉重的叹息，

又像英勇的火炬，

我们分担寒潮、风雷、霹雳；

我们共享雾霭流岚、虹霓，

仿佛永远分离，

却又终身相依，

这才是伟大的爱情，

坚贞就在这里：

不仅爱你伟岸的身躯，

也爱你坚持的位置，

脚下的土地。

是艺术魅力，还是文风不正
——谈《散文艺术的魅力》的"艺术"

语文教师平日只对学生讲散文能描写和反映大千世界，散文佳作能把读者引入各自的艺术境界和思想境界。《散文艺术的魅力》却要我们教读任何散文佳作都要把学生带入极乐世界。这大概没有任何一个语文老师可以胜任的，因为并非所有的散文描写和反映的都是极乐世界。

全日制普通高级中学教科书《语文》（人民教育出版社，2003 年版）第一册中的《散文的艺术魅力》（以下简称《魅力》）是篇散文艺术专论。按理说，专论散文艺术的文章，自身就应该是篇艺术性较高的美文佳作。可是，耐着性子读完这篇四千多字的长文，我不由得想起嘲讽那些故弄玄虚故作高深的笔杆子们的一个笑话：他们总爱把浅显明白通俗易懂的"这是一堆萝卜丝"的话写成"此乃若干萝卜丝的组合也"。我觉得《魅力》是典型的"此乃若干萝卜丝的组合也"。

《魅力》除开头语外，共分三个部分。非常费力地读完之后，反复琢磨，我才明白，它的第一部分是讲散文的内容小中见大，丰富深邃，而它的小标题却是"从平凡处所走进极乐世界的惊喜"；第二部分是讲散文情感真切能使读者产生共鸣，它的标题却是"心灵共鸣的快感"；第三部分是讲散文语言应自然、清新和优美，标题却是"天籁之美，引人入胜"。

下面仅将第一部分的观点、思路和语言辨析一下，看看这篇《魅力》是怎样的一盘乏味的"萝卜丝"。

在这部分中，作者先后举了郑板桥等五人的五篇散文作例文来论述"从平凡处所走进极乐世界的惊喜"。《魅力》中的"极乐世界"既不是辞书里诠释的和人们通常理解的那种"极乐世界"，也不是该文说的那种"读散文佳作时的快感与美感"。仔细揣摩，文中的"极乐世界"竟是指散文佳作丰富深邃的内容，是指散文家描绘或创设的思想境界和艺术境界。作者说：散文"引人从一个极小、极细的平凡处所，走进一个丰富深邃的极乐世界"；"散文家这位魔术师……他独独能够透过事物的表象，而洞察其中的真谛和生命，并从仪态错综中发现事物间复杂、隐曲而又独特的联系点，从而打通了由平凡处所通向极乐世界的幽邃的大门，同时也就把我们读者带入其中，出其不意地领略到那里的无限风光。"这些话无一不是在说散文的内容和散文作者的写作本领，这些话也似乎在说：散文佳作无论内容有什么不同，写作手法有什么差异，它们都能把读者引入到一个"极乐世界"，让读者"领略到那里的无限风光"。

但是，读者看到例文《五月卅一日急雨中》那"雨洗的街道，巡捕的手枪，带着不同表情的脸"，会觉得这是到了"极乐世界"吗？课本中的《门槛》、《灯》、《巴尔扎克葬词》等，它们都是散文佳作，但有哪一篇所写的内容及其作者所描绘或创设的境界，读者看了后会觉得是到了"极乐世界"？难道《巴尔扎克葬词》中的坟墓，散文家这些魔术师们，都能像耍魔术一样，把它们变成读者的"极乐世界"？我们语文教师平日只对学生讲散文能描写和反映大千世界，散文佳作能把读者引入各自的艺术境界和思想境界，《魅力》却要我们教读任何散文佳作都要把学生带入极乐世界，我想，这大概没有任何一个语文老师可以胜任的，因为并非所有的散文描写和反映的都是极乐世界。

除散文佳作都能引人走进极乐世界的观点叫人难以认同外，《魅力》的思路也让人奇怪。例如，第一段"而那郊野路旁的一枝野花，却又使你凝目遐思，因为它使你感觉到大地的温馨。"此句无转折之意，用"却又"干什么？凝目遐思才会感受到大地的温馨，难道感受到温馨后才去凝目遐思？用"因为"岂不把目、思与感受的因果关系颠倒了？而第二段中的"从树声、鸟语里，聆听到宇宙妙理，如同读郑板桥的《潍县署中与舍弟墨第二书》……在心驰神往中，领悟到'以天地为囿，江汉为池，各适其天，斯为大快'的哲理"，却又把主体喻体颠倒了。作者把"读——领悟——如同听树声鸟语"写成"从树声鸟语里聆听——如同读——领悟"。同样，作者本意是读《愚溪诗序》，从序中描写的溪水里绿潭清溪边明心见性，却写成是"在绿潭清溪边明心见性，如同读柳宗元的《愚溪诗序》。"作者似乎忘记了自己是在谈散文的艺术魅力，而是在谈自己听树声、鸟声、看清溪绿潭的感受，这感受如同读散文。又如"总之，散文的作者，常常是从一物之微，而触动人生的大题目，犹似潺潺的山溪，蜿蜒流入大海"，这个比喻句本体说的是以小见大，而喻体说的是小归于大，它们之间没有相似点，这怎能构成"犹似"的比喻呢？

从语言上看，《魅力》中有不少话叫人捉摸不透，如"或者在'一缕感思''一丝冥想'里，咀嚼出人生的甘苦，你看，我们从张抗抗的《地下森林断想》里，不是可以分享到她对现实人生的深味咀嚼吗？"是谁在哪里咀嚼？是散文作者在感思冥想里咀嚼，还是读者在对散文中的感思冥想咀嚼？从句中"分享……咀嚼"的话中推测，抑或是作者和读者在共同咀嚼？而从"你从那溪流水里，分明看到"和"你看"等话去推想，似乎咀嚼的只是读者。总之，我反复咀嚼，却咀嚼不出谁在咀嚼，我更不明白"分享""咀嚼"，是怎样咀嚼，怎样分享。咀嚼物可以让人分享，咀嚼是一种动作行为，他人怎能分享？又如上文引述的"洞察其（事物）中的真谛和生命"，"仪态错综"等，也很令人费解。因为事物中的"事"没有生命，"仪态"难以错综。

面对《魅力》，我反复思考着：作者将因果关系、主客关系等颠倒着写、用语那样不规范，那样怪，是否作者在身体力行实践和提倡某种艺术魅力？是否这就是"天籁之美"？是否这样才能使读者有"心灵共鸣的快感"、"走进极乐世界的惊喜"？但我怎么也体味不出什么快感，怎么也惊喜不起来，我总觉得像《魅力》那种写法不是艺术魅力，而是文风不正，比"萝卜丝的组合也"更令人难以喜爱。

（2001 年）

附：《散文艺术的魅力》（开头及第一部分）

佘树森

散文，既没有小说那样引人入胜的故事情节，也没有诗歌那样动人的韵调节律；它所写的，常常是作者平日生活中的琐碎见闻，点滴感思，构思不拘一格，行文又信笔而书，那么，它那感人的魅力在哪里呢？记得英国作家史密斯在谈论小品文创作时，曾说过这样一句话："伦理学在玫瑰丛中，身入其境，芳香扑鼻。"（《小品文作法论》）真是精妙地道出了我们在读散文佳作时的快感和美感。

"从平凡处所走进极乐世界"的惊喜

重岩叠嶂，悬泉飞瀑，固然使人惊心动魄；而夜宿山村古寺，卧听那山谷中一声声清细的岩滴，不亦撩人情思吗？因为你可以从中想见宇宙的深沉。置身于争奇斗艳的百花丛中，自然馨香。

散文，就像这山谷的"岩滴"，道旁的"野花"，引人从一个极小、极细的"平凡处所"，走进一个丰富而深邃的"极乐世界"。或者你从树声、鸟语里，聆听到宇宙妙理，如同读郑板桥的《潍县署中与舍弟墨第二书》，听作者谈养鸟、种树，谈早晨醒来听到的一片啁啾之声，谈披衣而起，洗面漱口啜茗时见到的鸟儿在林中扬羽振彩、倏来倏往之景，你在心驰神往中，领悟到"以天地为圃，江汉为池，各适其天，斯为大快"的哲理。或者在绿潭清溪边，明心见性，如同读柳宗元的《愚溪诗序》，你从那一溪流水里，分明看到作者那不平的胸怀。或者在"一缕感思""一丝冥想"里，咀嚼出人生的甘苦，你看，我们从张抗抗的《地下森林断想》里，不是可以分享到她对现实人生的深味咀嚼吗？或者你将透过那"云龙一爪"，窥见时代的风云变幻，比如叶圣陶的《五月卅一日急雨中》，写的只是五卅惨案发生后的零碎见闻：雨洗的街道，巡捕的手枪，带着不同表情的脸……然而它暗示给我们的，却是那一场举世震惊、可歌可泣的悲壮斗争。总之，散文的作者，常常是从一物之微，触通人生的大题目，犹似潺潺山溪，蜿蜒流入大海。

更妙的是，在我们"从平凡处所走进极乐世界"时，其自然如沿溪信步，其意外又似误入"桃源"，使人不胜惊喜。你读过贾平凹的《丑石》吧？你看：一块面貌丑陋的石头，既不能垒墙，又无法"洗磨"；既没有汉白玉的"细腻"，可资雕刻，又不像大青石那样"光滑"，可供"捶布"……你怎么会想到这块丑石里面，还会"别有洞天"呢？可是，随着作者的描述，那块丑石却"訇然中开"，将你引入"别一世界"。在这里，你看到的已经不仅仅是一块石头，而是在人才问题上的种种世俗观念，以及那种"不屈于误解、寂寞的生存的伟大"，作者真像一位高超的魔术大师，让你自一块丑石，一下子跳入现实人生中来！

不过，散文家这位"魔术师"，凭靠的并不是什么"点金术"，而是"有伶俐的耳目，有沉着的心思"（《小品文作法论》），使他独独能够透过事物的表象，而洞察其中的真谛和生命，并从仪态错综中发现事物间复杂、隐曲而又独特的联系点，从而打通了由"平凡处所"通向那"极乐世界"的幽邃的大门，同时也就把我们读者带入其中，出其不意地领略到那里的无限风光。

四个"统一"皆不宜用作名词

——《在庆祝北京大学建校一百周年大会上的讲话》中四个"坚持……的统一"之我见

"希望你们坚持学习科学文化与加强思想修养的统一"等四点希望中的"统一"都被用作了名词。但是,把"统一"用作名词,"统一"前的两者如"学习科学文化与加强思想修养"就成了"统一"的定语,"统一"就似成了一个既定的事实,只需去坚持去维护而已,而讲话的本意希望坚持的显然是"学习科学文化与加强思想修养相互统一"。坚持的宾语不是"统一"这个名词,而应是"学习科学文化与加强思想修养相互统一"这个动词短语。"统一"前的"的"宜改为"相"或"相互"一类词。

全日制普通高级中学教科书《语文》第一册(人民教育出版社,2003 年版)中《在庆祝北京大学建校一百周年大会上的讲话》(以下简称《讲话》),用了四段约 900 字向北大同学和所有高等院校的大学生,向全国各界青年,提了四点希望:"希望你们坚持学习科学文化与加强思想修养的统一""希望你们坚持学习书本知识与投身社会实践的统一""希望你们坚持实现自身价值与服务祖国人民的统一""希望你们坚持树立远大理想与进行艰苦奋斗的统一"。这四点希望句式结构完全相同,都是兼语式,兼词都是"你们"。"希望你们坚持……的统一",其中"统一"都是被用作名词,作句中的远宾语。《讲话》把"统一"全当名词使用,这大概意在强调"统一"的必要性和重要性,强调"坚持"的长久性和坚定性。这种用意无疑是可嘉的,是无可非议的。

但是把"统一"用作名词，"统一"前的两者如"学习科学文化与加强思想修养"就成了"统一"的定语，"统一"就似成了一个既定的事实，只需去坚持去维护而已，而讲话的本意希望坚持的显然是"学习科学文化与加强思想修养相互统一"。这四个希望中的"与"，都是介词，不能当作连词"和""及"去理解，只能当介词"跟""同"来运用，因为"与"的前后两者，即"学习科学文化与加强思想修养""学习书本知识与投身社会实践""实现自身价值与服务祖国人民""树立远大理想与进行艰苦奋斗"，都不是并列关系，而是介宾关系，是跟从、跟进的关系，是相互结合相互统一的关系，它们都不能作"统一"的定语，"统一"前的"的"宜改为"相"或"相互"一类词，把"统一"用作动词，使"相"或"相互"前的两者与"统一"构成主谓短语，使这主谓短语作"坚持"的宾语，如将第一点希望改成为"希望你们坚持学习科学文化与加强思想修养相统一"，即坚持的宾语是"学习科学文化与加强思想修养相统一"，而不是"统一"。同理，其他三句的"的统一"也都应改为"相统一"。这样，"坚持……相统一"，坚持和统一的必要性、重要性没减弱，却能显示出"统一"前的两者跟从、跟进和相互结合相互统一的关系，又更具有强调突出不能单一的，以至于把前后两者割裂开来或对立起来的针对性和现实意义。

把"统一"当名词，那四个"坚持"也很难始终坚持，也没有必要从始至终随时随地都得把"统一"前的两者都统一起来。例如，"希望你们坚持学习科学文化与互加强思想修养的统一"，"统一"作名词，就成了不顾时间和场合，凡是学习科学文化就必须与加强思想修养的统一，就必须坚持边学习边统一，否则就是没坚持统一。而现实中可能没人会这样坚持，实在也难这样坚持，例如学习数学，或在做数学题时，谁能同时坚持与加强与思想修养的统一？

另外，这四点希望，为了把它们写成同一句式，就凑字，不惜以词害意，例如"希望你们坚持树立远大理想与进行艰苦奋斗的统一"，句中的"进行"明显是多余的赘语。用"进行"，似乎艰苦奋斗也是一项工作或事件。

讲话中还有些话，我认为也欠斟酌。例如"我们的大学应该成为科教兴国的强大生力军。教育应与经济社会发展紧密结合，为现代化建设提供各类人才支持和知识贡献。这是面向二十一世纪教育改革和发展的方向。"这三句话，后一句的"这"是指代前两句，而前两句所述的就是21世纪教育改革和发展的方向，因此"面向"显得多余，并使肯定语气有所减弱。又如"历史的胜利与成功，永远属于具有崇高理想、坚定信念的艰苦奋斗的人们"，这句是承接有关青年要有远大理想和艰苦奋斗精神的话后激励性的结语。但加上"历史的"，就产生了歧义：是泛指历史上的胜利与成功，还是特指青年将来的历史，或是人类历史的胜利与成功？我认为如果去掉历史的，其语意明确，激励的力度也就更大了。并且，"历史的胜利与成功"还易使人产生误解或消极的联想，似乎现实中的胜利与成功并非全属于具有崇高理想、坚定信念艰苦奋斗的人。这也势必使激励的力度大为降低。

（2013 年 5 月）

附：《在庆祝北京大学建校一百周年大会上的讲话》（节选）

我们的大学应该成为科教兴国的强大生力军。教育应与经济社会发展紧密结合，为现代化建设提供各类人才支持和知识贡献。这是面向二十一世纪教育改革和发展的方向。大家要继续解放思想，深化改革，面向现代化，面向世界，面向未来，在教育和科研战线上努力开创人才培养、知识创新的生机勃勃的新局面。

为了实现现代化，我国要有若干所具有世界先进水平的一流大学。这样的大学，应该是培养和造就高素质的创造性人才的摇篮，应该是认识未知世界、探求客观真理、为人类解决面临的重大课题提供科学依据的前沿，应该是知识创新、推动科学技术成果向现实生产力转化的重要力量，应该是民族优秀文化与世界先进文明成果交流借鉴的桥梁。

同志们，朋友们，今天是五四青年节。七十九年前，北京大学的爱国青年发起了具有划时代意义的五四运动。五四运动的精神，最根本的就是中华民族的爱国主义精神。当代中国的广大青年，要继续继承和发扬五四运动的光荣传统，努力担当起振兴中华的历史使命，创造出无愧于时代和人民的业绩。

在这里，我向北大同学和所有高等院校的大学生，向全国各界青年提出几点希望。

希望你们坚持学习科学文化与加强思想修养的统一。首先要刻苦学习，掌握现代科学文化知识。这是成才的重要前提。要学有专长，同时努力拓宽知识面，用人类社会创造的一切优秀文明成果丰富和提高自己。求知与修养相结合，是中华民族的一个优秀文化传统。没有好的思想品德，也不可能把学到的知识真正奉献给祖国和人民，也就难以大有作为。青年时期注重思想修养，陶冶情操，努力树立正确的世界观、人生观、价值观，对自己一生的奋斗和成就将会产生长远而巨大的作用。希望你们坚持学习书本知识与投身社会实践的统一。要健康成长，不仅要学习书本知识，而且要向社会实践学习，自觉地投身于火热的改革开放和现代化建设实践。人民群众的社会实践，是知识常新和发展的源泉，是检验真理的试金石，也是青年锻炼成长的有效途径。青年人要立志到祖国和人民最需要的地方去，到条件艰苦的地方去，磨炼意志，砥砺品格，把学得的知识用于实践，在实践中继续学习提高。艰辛知人生，实践长才干。这是古往今来许多人成就一番事业的经验总结。

希望你们坚持实现自身价值与服务祖国人民的统一。青年人富有遐想和抱负，憧憬着美好的未来。这是青年的特点，也是优点。但需懂得，个人的抱负不可能孤立地实现，只有把它同时代和人民的要求紧密结合起来，用自己的知识和本领为祖国为人民服务，才能使自身价值得到充分实现。如果脱离时代，脱离人民，必将一事无成。波澜壮阔的改革开放和现代化建设，为全国各族青年展示才华，实现志向，提供了广大的舞台。生长在这样的时代是幸福的。广大青年一定要虚心向革命先辈和人民群众学习，在为祖国的竭诚奉献中焕发出青春的绚丽光彩。

希望你们坚持树立远大理想与进行艰苦奋斗的统一。青年人要有理想，还要有实现理想的坚定信念和脚踏实地、百折不挠的奋斗精神。建设有中国特色社会主义，实现中华民族的振兴，是非常艰巨的事业。我国还处在并将长期处在社会主义初级阶段，在前进的道路上必然会遇到许多这样或那样的困难与挑战。广大青年一定要深刻认识我们的国情，要有坚韧不拔的充分思想准备，取得成绩时不盲目乐观，遇到困难时不气馁悲观。创业维艰，奋斗以成。历史的胜利与成功，永远属于具有崇高理想、坚定信念的艰苦奋斗的人们。

再经过半个世纪的努力，到建国 100 周年时，我国的社会主义现代化将会胜利地得到基本实现。到那时，无数志士仁人梦寐以求的振兴中华的理想将变成现实，中国人民将过上中等发达水平的富裕文明生活，中华民族将对人类作出更大的贡献。

祖国的未来是无限美好的，青年的未来也是无限美好的。祖国和民族的希望寄托于青年。希望广大青年和全国人民一道，在党的基本理论和基本路线指引下，同心同德，勇于开拓，向着新世纪前进，向着现代化的光辉目标前进，向着中华民族的伟大复兴前进！

《我的呼吁》有些词句难以理解

其中"我确信，现代人的理性必能创造出伦理的观点"的话，竟不是在说"生命的伦理"还没有创造出来吗？而"伦理"是人与人以及人与自然相处时应遵循的道理和准则，它是人们相互关系中自然形成和确立的，早已有之，并非要等待现代人凭理性去创造出来。

全日制普通高级中学教科书《语文》第一册（人民教育出版社 2003 年版）中的《我的呼吁》，是法国史怀哲获诺贝尔和平奖时在授奖仪式上的演说词。不知是原演说词本身有弊病，还是翻译不准确，这篇文章中有些句子令人难以理解。如开头语：

"我要呼吁全人类，重视尊重生命的伦理。这种伦理，反对将所有的生物分为有价值的与没有价值的、高等的与低等的。"

很显然，这话中的"生命的伦理"，指的是人类社会中已确立存在了的一种伦理，是长久以来既定了的基本道德和原则。可是，在倒数第二段中却出现这样与之相悖的说法："我确信，现代人的理性必能创造出伦理的观点，因此今天我将这个真理向世人宣布，希望它不会只被当作虚假的文字看待，以致被置于一旁。"其中"我确信，现代人的理性必能创造出伦理的观点"的话，竟不是在说"生命的伦理"还没有创造出来吗？而"伦理"是人与人以及人与自然相处时应遵循的道理和准则，它是人们相互关系中自然形成和确立的，早已有之，并非要等待现代人凭理性去创造出来。"今天我将这个真理向世人宣布"，竟把"必能创造伦理的观点"当成了新发现的"真理"，并且"希望"这个真理不要"只被当作虚假的文字看待"。这"希望它"，不又与"我要呼吁全人类，重视尊重生命的伦理"相悖吗？究竟是希望全人类尊重原有的"生命的伦理"，还是希望人们去"创造出伦理"，并不要把它"只被当作虚假的文字看待"？

再说，"生命的伦理"与"生命"是不同的两个概念。"生命"是指生物体所具有的活动能力，而"生命的伦理"是指人与人之间或与其他生物之间相处时应遵循的道德和原则，文中要表达的应该是人类要遵循这些道德和原则，去尊重一切生物的活动能力，去尊重一切生命，而不是强调突出"重视尊重生命的伦理"。

"现代人的理性必能创造出伦理的观点"与文章的结尾也是矛盾的。结尾说："希望他们铭记使徒保罗的名言：若是能够，总要尽力与众人和睦。这不但是对个人之间的关系而言，也是对民族之间的关系而言。希望他们能互相勉励，尽一切可能维持和平，使人道主义和尊重生命的理想，有充分的时间发展，并且发挥作用。"保罗的话讲的不就是"重视尊重生命的伦理"，就是已有的"伦理的观点"，为什么还认为要等到以后才"必能创造出伦理的观点"？

（2013 年 7 月）

附：《我的呼吁》

史怀哲

我要呼吁全人类，重视尊重生命的伦理。这种伦理，反对将所有的生物分为有价值的与没有价值的、高等的与低等的。这种伦理否定这些分别，因为评判生物当中何者较有普遍妥当性所根据的标准，是人类对于生物亲疏远近的观感为出发点的。这标准是纯主观的，我们谁能确知他种生物本身有什么意义？对全世界又有何意义？这种分别必然产生一种见解，以为世上真有无价值的生物存在，我们可以随意破坏或者伤害它们。由于环境的关系，昆虫或原生动物往往被认为没有价值。但事实上，我们的直觉意识到自己是有生存意志的生命，环绕我们周围的，也是有生存意志的生命。这种对生命的全然肯定是一种精神工作，有了这种认识，我们才能一改以往的生活态度，而开始尊重自己的生命，使其得到真正的价值。同时，获得这种想法的人会觉得需要对一切具有生存意志的生命采取尊重的态度，就像对自己一样。这时候，我们便进入另一种迥然不同的人生经验。

这时候，善就是：爱护并促进生命，把具有发展能力的生命提升到最有价值的地位。恶就是：伤害并破坏生命，阻碍生命的发展。这是道德上绝对需要考虑的原则。由于尊重生命的伦理，我们将和全世界产生精神上的关连。平时我都尽力保持清新的思考和感觉，而怀着善的信念，时时依据事实和我的经验去从事真理的研究。

今日，隐藏在欺瞒之后的暴行，正威胁着全世界，造成空前烦闷的气氛。虽然如此，我仍然确信真理、友好、仁爱、和气与善良是超越一切暴行的力量。只要有人始终充分地思考，并实践仁爱和真理，世界将属于他。现世的一切暴力都有其自然的限制，早晚会产生和它同等或者超越它的对抗性暴力。可是良善所发挥的作用却单纯而继续不断的。它不会产生使它自己停顿的危机，却能解除现有的危机。它能消除猜疑和误解。因此良善将建立无可动摇的基础，而追求良善是最有效的努力。一个人在世是不肯认真去冒险为善。我们常常不使用能帮助我们千百倍力量的杠杆，却想移动重物。耶稣曾经说过一句发人深思的至理名言：温和的人有福了，因为他们必承受土地。

尊重生命的信念要求我们去帮助所有需要帮助的人，防治大众疫病的奋斗是永远需要的。我们对旧日殖民地的民众所给予的善良帮助，并不是什么慈善事业而是赎罪，因为从我们最初发现航线，到达他们的海岸以来，我们已经在他们身上犯下了许多罪恶。所以白人和有色人种必须以伦理的精神相处，始能达到真正的和解。为了实践这种精神，我们应该推行富有将来性的政策：凡受人帮助，从艰难或重病中得救的人，必须互助，并帮助正在受难的人们。这是受难的人们之间的同胞爱。我们对所有的民族都有义务以人道行为及医疗服务来帮助他们。从事这些工作时应带着感谢和奉献的心情。我相信必定有不少人挺身出来，怀着牺牲的精神替这些受难的人服务。

可是，今天我们还深陷在战争的危机里。我们正面临着两种冒险之间的选择。一种是继续毫无意义的原子弹武器竞赛，以及继之而来的原子战争；另一种是放弃原子武器，并寄望美国和苏联以及其他盟邦，能在互相信任的基础上，和平共存。前者不可能为将严整这来繁荣，但是后者可以给人类带来繁荣与幸福。我们必须选择后者。也许有人会以为他们可以利用原子装备来吓退对方，可是在战争危机如此高升的时刻，这种假设毫不值得重视。

今后，我们的目标是使国家与国家之间的问题，不再以战争的方法来解决。我们必须寻求和平的方法来解决问题。我敢表白我的信心，当我们能从伦理的观点来拒绝战争的时候，我们必定能以谈判的方法来解决问题。战争到底是非人道的。我确信，现代人的理性必能创造出伦理的观点，因此今天我将这个真理向世人宣布，希望它不会只被当作虚假的文字看待，以致被置于一旁。

希望掌握国家命运的领袖们，能致力避免一切会使现况恶化、危险化的事情。希望他们铭记使徒保罗的名言：若是能够，总要尽力与众人和睦。这不但是对个人之间的关系而言，也是对民族之间的关系而言。希望他们能互相勉励，尽一切可能维持和平，使人道主义和尊重生命的理想，有充分的时间发展，并且发挥作用。

《我有一个梦想》多处用词不当

"你们是人为痛苦的长期受害者。坚持下去吧，要坚决相信，忍受不应得的痛苦是一种赎罪。""你们"是人为痛苦的长期受害者，把他们"忍受不应得的痛苦"说成是一种"赎罪"，似乎是因为他们造了恶，作了孽，犯了罪，如今受苦受难是抵销所犯的罪过。这不与全文的主旨大相背悖吗？

全日制普通高级中学教科书《语文》第一册（人民教育出版社，2003 年版）中的《我有一个梦想》，是美国马丁·路德·金的一篇演说词。不知是原文本身的问题，还是译者翻译不准，其中有多处用词不当，表意不清，有伤文意。2006 年的版本中对其中有些病句作了些修改，但直至 2013 年的版本上，仍有不少语病。现将 2013 年版本上的病句，按顺序依次摘抄于后，并予以简析。

1. "我们共和国的缔造者草拟宪法和独立宣言时，曾以气壮山河的词句向每一个美国人许下了诺言，他们承诺给予所有的人以生存、自由和追求幸福的不可剥夺的权利。"（2003 年版为"我们共和国的缔造者草拟宪法和独立宣言的气壮山河的词句时，曾向每一个美国人许下了承诺，他们承诺给予所有的人以生存、自由和追求幸福的不可剥夺的权利。"）

马丁在演讲时，他讲的宪法和独立宣言早已公布了，已确立为国家大法，"草拟"一词则为起草、初步设计之意，草拟物还属草稿之类。而"草拟……时，曾……"，似乎宣言和宪法中赋予每个美国人的权利，只是草拟者在草拟时个人的承诺而已。若把"时，曾"删去，在"草拟"后加"的"，成为

"草拟的宪法和独立宣言，以气壮山河的词句向……"既明白无误地表明承诺者是宣言和宪法及共和国的缔造者，又能体现宣言和宪法的确定性和威严。而2003年版的"草拟宪法和独立宣言的气壮山河的词句"，词语搭配不当。无论是把"宪法"与"独立宣言的气壮山河的词句"理解为并列关系，同作"草拟"的宾语，还是把"宪法和独立宣言"理解为"气壮山河的词句"的定语，"词句"都是"草拟"的宾语，"草拟""词句"，是不能配搭一起的，草拟的是文件之类，不是简单的词句。

2. "我并非没有注意到，参加今天集会的人中，有些受尽苦难和折磨，有些刚刚走出窄小的牢房，有些由于寻求自由，曾在居住地惨遭疯狂迫害的打击，并在警察暴行的旋风中摇摇欲坠。你们是人为痛苦的长期受害者。坚持下去吧，要坚决相信，忍受不应得的痛苦是一种赎罪。"

这些话中的"你们"是人为痛苦的长期受害者，把他们"忍受不应得的痛苦"说成是一种"赎罪"，似乎是因为他们造了恶，作了孽，犯了罪，如今受苦受难是抵销所犯的罪过。这不与全文的主旨大相背悖吗？

3. "我梦想有一天，这个国家会站立起来，真正实现其信条的真谛：我们认为这些真理是不言而喻的：人人生而平等。"

"信条"是人们信守的准则规则，如"人人生而平等"，而"真谛"是指话语或事物的真实意义和道理，"真正实现其信条的真谛"中实现真谛的说法很生僻。说国家会"真正实现其信条的真谛"，还不如直说"真正实现其信条"，这样，与"我们认为这些真理是不言而喻的：人人生而平等"这一信条，连接得紧凑，表意准确，可信度高，肯定的语气才强。

4. "当我们让自由之声响起来，让自由之声在每一个大小村庄、每一个州和每一个城市响起来时，我们将能够加速这一天的到来……"

"当……响起来时"，这说明自由之声已经响起来了，也即是前文和引句后面说的"在自由到来的那一天，上帝的所有儿女们"都在"以新的含义高唱""自由之声"，自由的这一天已经到来了。在这句话中间，却说"我们将能够加速这一天的到来"，竟不是说在高唱"自由之声"时，自由的这一天还没有来，语意前后不一，互相矛盾。

附：《我有一个梦想》

马丁·路德·金

一百年前，一位伟大的美国人签署了《解放黑奴宣言》，今天我们就是在他的雕像前集会。这一庄严宣言犹如灯塔的光芒，给千百万在那摧残生命的不义之火中饱受煎熬的黑奴带来了希望。它之到来犹如欢乐的黎明，结束了束缚黑人的漫漫长夜。

然而一百年后的今天，我们必须正视黑人还没有得到自由这一悲惨的事实。一百年后的今天，在种族隔离的镣铐和种族歧视的枷锁下，黑人的生活备受压榨。一百后的今天，黑人仍生活在物质充裕的海洋中一个穷困的孤岛上。一百年后的今天，黑人仍然蜷缩在美国社会的角落里，并且意识到自己是故土家园中的流亡者。今天我们在这里集会，就是要把这种骇人听闻的情况公诸于众。

就某种意义而言，今天我们是为了要求兑现诺言而汇集到我们国家的首都来的。我们共和国的缔造者草拟宪法和独立宣言的气壮山河的词句时，曾向每一个美国人许下了诺言，他们承诺给予所有的人以生存、自由和追求幸福的不可剥夺的权利。

就有色公民而论，美国显然没有实践她的诺言。美国没有履行这项神圣的义务，只是给黑人开了一张空头支票，支票上盖着"资金不足"的戳子后便退了回来。但是我们不相信正义的银行已经破产，我们不相信，在这个国家巨大的机会之库里已没有足够的储备。因此今天我们要求将支票兑现——这张支票将给予我们宝贵的自由和正义保障。

我们来到这个圣地也是为了提醒美国，现在是非常急迫的时刻。现在决非侈谈冷静下来或服用渐进主义的镇静剂的时候。现在是实现民主的诺言时候。现在是从种族隔离的荒凉阴暗的深谷攀登种族平等的光明大道的时候，现在是向上帝所有的儿女开放机会之门的时候，现在是把我们的国家从种族不平等的流沙中拯救出来，置于兄弟情谊的磐石上的时候。

如果美国忽视时间的迫切性和低估黑人的决心，那么，这对美国来说，将是致命伤。自由和平等的爽朗秋天如不到来，黑人义愤填膺的酷暑就不会过去。1963年并不意味着斗争的结束，而是开始。有人希望，黑人只要撒撒气就会满足；如果国家安之若素，毫无反应，这些人必会大失所望的。黑人得不到公民的基本权利，美国就不可能有安宁或平静，正义的光明的一天不到来，叛乱的旋风就将继续动摇这个国家的基础。

但是对于等候在正义之宫门口的心急如焚的人们，有些话我是必须说的。在争取合法地位的过程中，我们不要采取错误的做法。我们不要为了满足对自由的渴望而抱着敌对和仇恨之杯痛饮。我们斗争时必须永远举止得体，纪律严明。我们不能容许我们的具有崭新内容的抗议蜕变为暴力行动。我们要不断地升华到以精神力量对付物质力量的崇高境界中去。

现在黑人社会充满着了不起的新的战斗精神，但是不能因此而不信任所有的白人。因为我们的许多白人兄弟已经认识到，他们的命运与我们的命运是紧密相连的，他们今天参加游行集会就是明证。他们的自由与我们的自由是息息相关的。我们不能单独行动。

当我们行动时，我们必须保证向前进。我们不能倒退。现在有人问热心民权运动的人，"你们什么时候才能满足？"

只要黑人仍然遭受警察难以形容的野蛮迫害，我们就绝不会满足。

只要我们在外奔波而疲乏的身躯不能在公路旁的汽车旅馆和城里的旅馆找到住宿之所，我们就绝不会满足。

只要黑人的基本活动范围只是从少数民族聚居的小贫民区转移到大贫民区，我们就绝不会满足。

只要我们的孩子被"仅限白人"的标语剥夺自我和尊严，我们就绝不会满足。

只要密西西比州仍然有一个黑人不能参加选举，只要纽约有一个黑人认为他投票无济于事，我们就绝不会满足。

不！我们现在并不满足，我们将来也不满足，除非正义和公正犹如江海之波涛，汹涌澎湃，滚滚而来。

我并非没有注意到，参加今天集会的人中，有些受尽苦难和折磨，有些刚刚走出窄小的牢房，有些由于寻求自由，曾在居住地惨遭疯狂迫害的打击，并在警察暴行的旋风中摇摇欲坠。你们是人为痛苦的长期受难者。坚持下去吧，要坚决相信，忍受不应得的痛苦是一种赎罪。

　　让我们回到密西西比去，回到亚拉巴马去，回到南卡罗来纳去，回到佐治亚去，回到路易斯安那去，回到我们北方城市中的贫民区和少数民族居住区去，要心中有数，这种状况是能够也必将改变的。我们不要陷入绝望而不可自拔。

　　朋友们，今天我对你们说，在此时此刻，我们虽然遭受种种困难和挫折，我仍然有一个梦想，这个梦想深深扎根于美国的梦想之中。

　　我梦想有一天，这个国家会站立起来，真正实现其信条的真谛："我们认为真理是不言而喻，人人生而平等。"

　　我梦想有一天，在佐治亚的红山上，昔日奴隶的儿子将能够和昔日奴隶主的儿子坐在一起，共叙兄弟情谊。

　　我梦想有一天，甚至连密西西比州这个正义匿迹，压迫成风，如同沙漠般的地方，也将变成自由和正义的绿洲。

　　我梦想有一天，我的四个孩子将在一个不是以他们的肤色，而是以他们的品格优劣来评价他们的国度里生活。

　　今天，我有一个梦想。我梦想有一天，亚拉巴马州能够有所转变，尽管该州州长现在仍然满口异议，反对联邦法令，但有朝一日，那里的黑人男孩和女孩将能与白人男孩和女孩情同骨肉，携手并进。

　　今天，我有一个梦想。

　　我梦想有一天，幽谷上升，高山下降；坎坷曲折之路成坦途，圣光披露，满照人间。

　　这就是我们的希望。我怀着这种信念回到南方。有了这个信念，我们将能从绝望之岭劈出一块希望之石。有了这个信念，我们将能把这个国家刺耳的争吵声，改变成为一支洋溢手足之情的优美交响曲。

　　有了这个信念，我们将能一起工作，一起祈祷，一起斗争，一起坐牢，一起维护自由；因为我们知道，终有一天，我们是会自由的。

在自由到来的那一天，上帝的所有儿女们将以新的含义高唱这支歌："我的祖国，美丽的自由之乡，我为您歌唱。您是父辈逝去的地方，您是最初移民的骄傲，让自由之声响彻每个山冈。"

如果美国要成为一个伟大的国家，这个梦想必须实现！让自由之声从新罕布什尔州的巍峨峰巅响起来！让自由之声从纽约州的崇山峻岭响起来！让自由之声从宾夕法尼亚州的阿勒格尼山的顶峰响起来！

让自由之声从科罗拉多州冰雪覆盖的落基山响起来！让自由之声从加利福尼亚州蜿蜒的群峰响起来！不仅如此，还要让自由之声从佐治亚州的石岭响起来！让自由之声从田纳西州的瞭望山响起来！

让自由之声从密西西比的每一座丘陵响起来！让自由之声从每一片山坡响起来！

当我们让自由之声响起，让自由之声从每一个大小村庄、每一个州和每一个城市响起来时，我们将能够加速这一天的到来，那时，上帝的所有儿女，黑人和白人，犹太教徒和非犹太教徒，耶稣教徒和天主教徒，都将手携手，合唱一首古老的黑人灵歌："自由啦！自由啦！感谢全能上帝，我们终于自由啦！"

《大地上的事情》多处表意不准确

从上面列举的那些显而易见的表意不准，或语意前后抵牾，或说事张冠李戴，或状物莫名其妙，或观察欠于思考，或判断缺乏理性等问题中，可看出《大地上的事情》与作者"我更倾向散文文字的简约、准确、生动、智性"的话有不小的距离，那话只能算是作者对散文写作提出的一种期望和要求吧。

《新语文读本》高中卷 1（钱理群、王尚文主编，广西教育出版社，2010年第 16 次印刷）中的《大地上的事情》节选自散文家苇岸的同名散文集的前23 节。节选后将序号删除了，代之以空行。在那本散文集的序中，作者说："就我个人来讲，我更倾向散文文字的简约、准确、生动、智性；我崇尚以最少的文字，写最大的文章"。但是《新语文读本》选编的《大地上的事情》，其语言的准确性，还是很欠功力，其智性也颇为缺乏。现在，笔者将这 23 节恢复序号，依次摘录有上述弊病的章节或语句，简析于后。

首先看第一节，它竟把蚂蚁在地下筑巢时掘出泥土堆积在入口附近观察成蚂蚁营巢的方式：

"我观察过蚂蚁营巢的三种方式。小型蚁筑巢，将湿润的土粒吐在巢口，垒成酒盅状、灶台状、坟冢状、城堡状或松、疏的蜂房状，高耸在地面；中型蚁的巢口，土粒散得均匀美观，围成喇叭口或泉心的形状，仿佛大地开放的一只黑色花朵；大型蚁筑巢像北方人的举止，随便、粗略、不拘细节，它们将颗粒远远地衔到什么地方，任意一丢，就像大步奔走撒种的农夫。"在农村尤其是在山区生活过的人都知道，蚂蚁筑巢的方式分为好些种类。有的蚁用植物叶片、茎秆、叶柄叶柄等筑成纸样巢挂在树上或岩石间；有的蚁在别的种类蚁巢之中或旁边筑混合性蚁巢；还有的蚂蚁喜欢用叼来的腐质物以及从树上啃下来的老树皮，再掺杂上从嘴里吐出来的黏性汁液，在树上筑成足球大小的巢。而大多数蚂蚁是在地下土中挖隧道，在隧道后筑巢，并将掘出的泥土及其他杂物堆积在入口附近，形成小丘状，起保护蚁巢的作用。蚂蚁也像蜜蜂一样，是动物界高明的建筑师。它选择在高地、树上等处筑巢能防水防涝；巢内也分成许多层次，也具有很强的通风透气、凉爽保温的功能。《大地上的事情》把蚂蚁筑巢掘出的泥土，观察成蚂蚁营巢的方式，还说什么蚂蚁筑巢"随便、粗糙、不拘细节"，这样的观察，这样的语言，很不符合事实，这才真是太"粗糙"了。

第三节，作者写自己观察日出，他写道："**太阳从露出一丝红线，到伸缩着跳上地表，用了约五分钟。**"这句写太阳"伸缩着跳上地表"，真让人弄不清太阳是一种怎样的伸缩和跳跃状态。即使在岛上、在涨潮或有风暴时观看海上日出，也难感觉到太阳在伸缩，在跳跃，只有在太阳完全升上了海面后，太阳仿佛在汹涌的波涛中浮上浮下，才有些伸缩跳跃之感。而在平原或高山上看见的太阳"伸缩着跳上地表"，就令人莫明其妙了。

第四节，"**我见过胡蜂巢、土蜂巢、蜜蜂巢和别的蜂巢，但从没有见过熊蜂巢。熊蜂是穴居者，它们将巢筑在房屋的立柱、檩木、横梁、椽子或枯死的树干上。**"

这两句话，一方面说熊蜂是穴居者，"我"从没见过熊蜂巢，一方面又说熊蜂将巢筑在房屋的立柱、檩木、横梁、椽子或枯死的树干上，这些话显然前后矛盾。若真没见过熊蜂巢，就应在"它们"前加"听说"或"从书报上知道"一类话。但即使加上，也难圆穴居与在立柱在房屋的立柱、檩木等上筑巢的话。

第七节，"**在我的住所前面，有一块空地，它的形状像一只盘子，被四周的楼群围起。它盛过田园般安详的雪，盛过赤道般热烈的雨，但它盛不住孩子们的欢乐。孩子们把欢乐撒在里面，仿佛一颗颗珍珠滚到我的窗前。我注视**

着男孩和女孩在一起做游戏……游戏在孩子们手里，依然一代代传递。"

　　在这节里，刚刚说了这块空地，这只盘子"它盛不住孩子们的欢乐"，紧接着却说"孩子们把欢乐撒在里面"，男孩和女孩在一起做游戏，而这，"游戏在孩子们手里，依然一代代传递"，后者言之凿凿，这盘子不是盛不住孩子的欢乐，而是盛得满满的，"仿佛一颗颗珍珠滚到我的窗前"，而且盛得长久，"还会一代代传递"。

　　第十四节，**"冬天，一次在原野上，我发现了一个奇异的现象，它纠正了我原有的关于火的观念。我没有见到这个人，他点起火走了。火像一头牲口，已将枯草吞噬很大一片。北风吹着，风头很硬，火紧贴在地面上，火首却逆风而行，这让我吃惊。为了再次证实，我把火种引到另一片草上，火依旧溯风烧向北方。"**

　　作者所谓的发现了一个奇异的现象，显然是一种错觉，"火首却逆风而行"，则纯是一种误判。笔者小时候在家乡，在深秋和冬季，烧过无数块草地和"毛栗山"。所谓的"火首逆风而行"的现象，只有在两种情况下才会有这种错觉：一是根本无风，若从枯草地的南边点火，火向北烧，因为有火处温度高，空气相对稀薄，从而烧草产生的烟由北向南飘动；另一种情况是有风，例如有北风，但点火处只有北方有枯草枯叶，而南边无燃烧物，火只得迎着北风向北烧去。把基本生活知识或物理知识就能解释的正常现象，当作新发现的奇异现象，耸人听闻，是很不理性的。

　　第十六节，**"五月，在尚未插秧的稻田里，闪动着许多小鸟……体型比麻雀娇小。它们走动的样子，非常庄重……它们行走像公鸡那样迈步。"**

　　众所周知，五月待插秧的稻田，一定是水田，比麻雀还娇小的短脚小鸟，若落在里面，必定全身羽毛都湿透。即使地表没有明显的水层，田中的泥巴也是极稀极稀的，小鸟踩在稀泥中，肚腹粘满泥巴，走路时的样子必定很狼狈，绝不可能"非常庄重"，更难在田中"像公鸡那样迈步"。

　　第二十二节，**"立春一到，便有冬天消逝、春天降临的迹象。整整过了一冬的北风，已经从天涯返回。"**

　　众所周知，春天是东风，冬天刮北风，已经立春了，整整过了一冬的北风，怎么又"从天涯返回"了？这"返回"与"消逝"语意相悖，更无从可知"整整过了一冬的北风"何时离开跑到天涯去了。

从上面列举的那些显而易见的表意不准，或语意前后抵牾，或说事张冠李戴，或状物莫名其妙，或观察欠于思考，或判断缺乏理性等问题中，可看出《大地上的事情》与作者"我更倾向散文文字的简约、准确、生动、智性"的话，有不小的距离，所以那话只能算是作者对散文写作提出的一种期望和要求。

（2013 年 8 月）

附：《大地上的事情》
苇 岸

一

我观察过蚂蚁营巢的三种方式。小型蚁筑巢，将湿润的土粒吐在巢口，垒成酒盅状、灶台状、坟冢状、城堡状或松疏的蜂房状，高耸在地面；中型蚁的巢口，土粒散得均匀美观，围成喇叭口或泉心的形状，仿佛大地开放的一只黑色花朵；大型蚁筑巢像北方人的举止，随便、粗略、不拘细节，它们将颗粒远远地衔到什么地方，任意一丢，就像大步奔走撒种的农夫。

二

下雪时，我总想到夏天，因成熟而褪色的榆荚被风从树梢吹散。雪纷纷扬扬，给人间带来某种和谐感，这和谐感正来自于纷纭之中。雪也许是更大的一棵树上的果实，被一场世界之外的大风刮落。它们漂泊到大地各处，它们携带的纯洁，不久即蕃衍成春天动人的花朵。

三

写《自然与人生》的日本作家德富芦花，观察过落日。他记录太阳由衔山到全然沉入地表，需要三分钟。我观察过一次日出，日出比日落缓慢。观看落日，大有守侍圣哲临终之感；观看日出，则像等待伟大英雄辉煌的诞生。太阳从露出一丝红线，到伸缩着跳上地表，用了约五分钟。

世界上的事物在速度上，衰落胜于崛起。

四

这是一具熊蜂的尸体，它是自然死亡，还是因疾病或敌害而死，不得而知。它偃卧在那里，翅零乱地散开，肢蜷曲在一起。它的尸身僵硬，很轻，最小的风能将它推动。我见过胡蜂巢、土蜂巢、蜜蜂巢和别的蜂巢，但从没有见过熊蜂巢。熊蜂是穴居者，它们将巢筑在房屋的立柱、檩木、横梁、椽子或枯死的树干上。熊蜂从不集群活动，它们个个都是英雄，单枪匹马到处闯荡。熊蜂是昆虫世界当然的王，它们身着的黑黄斑纹，是大地上最怵目的图案，高贵而恐怖。老人们告诉过孩子，它们能蜇死牛马。

五

麻雀在地面的时间比在树上的时间多。它们只是在吃足食物后，才飞到树上。它们将短硬的喙像北方农妇在缸沿砺刀那样，在枝上反复擦拭，麻雀蹲在枝上啼鸣，如孩子骑在父亲的肩上高声喊叫，这声音蕴含着依赖、信任、幸福和安全感。麻雀在树上就和孩子们在地上一样，它们的蹦跳就是孩子们的奔跑。而树木伸展的愿望，是给鸟儿送来一个个广场。

六

穿越田野的时候，我看到一只鹞子。它静静地盘旋，长久浮在空中。它好像看到了什么，径直俯冲下来，但还未触及地面又迅疾飞起。我想象它看到一只野兔，因人类的扩张在平原上已近绝迹的野兔，梭罗在《瓦尔登湖》中预言过的野兔："要是没有兔子和鹧鸪，一个田野还成什么田野呢？它们是最简单的土生土长的动物，与大自然同色彩、同性质，和树叶，和土地是最亲密的联盟。看到兔子和鹧鸪跑掉的时候，你不觉得它们是禽兽，它们是大自然的一部分，仿佛飒飒的木叶一样。不管发生怎么样的革命，兔子和鹧鸪一定可以永存，像土生土长的人一样。不能维持一只兔子的生活的田野一定是贫瘠无比的。"

看到一只在田野上空徒劳盘旋的鹞子，我想起田野往昔的繁荣。

七

在我的住所前面，有一块空地，它的形状像一只盘子，被四周的楼群围起。它盛过田园般安详的雪，盛过赤道般热烈的雨，但它盛不住孩子们的欢乐。孩子们把欢乐撒在里面，仿佛一颗颗珍珠滚到我的窗前。我注视着男孩和女孩在一起做游戏，这游戏是每个从他们身边匆匆走过的大人都做过的。大人告别了童年，就将游戏像玩具一样丢在了一边。但游戏在孩子们手里，依然一代代传递。

八

在一所小学教室的墙壁上，贴着孩子们写自己家庭的作文。一个孩子写道：他的爸爸是工厂干部，妈妈是中学教师，他们很爱自己的孩子，星期天常常带他去山边玩，他有许多玩具，有自己的小人书库，他感到很幸福。但是妈妈对他管教很严，命令他放学必须直接回家，回家第一件事是用肥皂洗手。为此他感到非常不幸，恨自己的每一匹新驹都不会喜欢给它套上羁绊的人。

九

黎明，我常常被麻雀的叫声唤醒。日子久了，我发现它们总在日出前二十分钟开始啼叫。冬天日出较晚，它们叫得也晚；夏天日出早，它们叫得也早。麻雀在日出前和日出后的叫声不同，日出前它们发出"鸟、鸟、鸟"的声音，日出后便改成"喳、喳、喳"的声音。我不知它们的叫法和太阳有什么关系。

十

在山冈的小径上，我看到一只蚂蚁在拖螳螂的尸体。螳螂可能被人踩过，尸体已经变形，渗出的体液粘着两粒石子，使它更加沉重，蚂蚁紧紧咬住螳螂，它用力扭动身躯，想把螳螂拖走。螳螂微微摇晃，但丝毫没有向前移动。我看了很久，直到我离开时，这个可敬的勇士仍在不懈地努力。没有其他蚁来帮它，它似乎也没有回巢去请援军的想法。

十一

麦子是土地上最优美、最典雅、最令人动情的庄稼。麦田整整齐齐摆在辽阔的大地上，仿佛一块块耀眼的黄金。麦田是五月最宝贵的财富，大地蓄积的精华。风吹麦田，麦田摇荡，麦浪把幸福送到外面的村庄。到了六月，农民抢在雷雨之前，把麦田搬走。

十二

在我窗外阳台的横栏上，落了两只麻雀，那里是一个阳光的海湾，温暖、平静、安全。这是两只老雀，世界知道它们为它哺育了多少雏鸟。两只麻雀蹲在辉煌的阳光里，一副丰衣足食的样子。它们眯着眼睛，脑袋转来转去，毫无顾忌。它们时而啼叫几声，声音朴实而亲切。它们的体态肥硕，羽毛蓬松，头缩进厚厚的脖颈里，就像冬天穿着羊皮袄的马车夫。

十三

下过雪许多天了，地表的阴面还残留着积雪。大地斑斑点点，仿佛一头在牧场垂首吃草的花斑母牛。

积雪收缩，并非因为气温升高了，而是大地的体温在吸收它们。

十四

冬天，一次在原野上，我发现了一个奇异的现象，它纠正了我原有的关于火的观念。我没有见到这个人，他点起火走了。火像一头牲口，已将枯草吞噬很大一片。北风吹着，风头很硬，火紧贴在地面上，火首却逆风而行，这让我吃惊。为了再次证实，我把火种引到另一片草上，火依旧溯风烧向北方。

十五

我时常忆起一个情景，它发生在午后时分。如大兵压境，滚滚而来的黑云，很快占据了整面天空。随后，闪电迸绽，雷霆轰鸣，分币大的雨点砸在地上，烟雾四起。骤雨像是一个丧失理性的对人间复仇的巨人。就在这万物偃息的时刻，我看到一只衔虫的麻雀从远处飞回，雷雨没能拦住它，它的窝在雨幕后面的屋檐下。在它从空中降落飞进檐间的一瞬，它的姿势和蜂鸟在花丛前一样美丽。

十六

五月，在尚未插秧的稻田里，闪动着许多小鸟。我叫不出它们的名字，它们神态机灵，体型比麻雀娇小。它们走动的样子，非常庄重。麻雀行走用双足蹦跳，它们行走像公鸡那样迈步。它们飞得很低，从不落到树上。它们是田亩的精灵。它们停在田里，如果不走动，便认不出它们。

十七

秋收后，田野如新婚的房间，已被农民拾掇得干干净净。一切要发生的，一切已经到来的，它都将容纳。在人类的身旁，落叶正悲壮地诀别它们的母亲。我忽然想，树木养育了它们，仿佛只是为了此时大地上呈现的勇士形象。

十八

在冬天空旷的原野上，我听到过啄木鸟敲击树干的声音。它的速度很快，仿佛弓的颤响，我无法数清它的频率。冬天鸟少，鸟的叫声也被藏起。听到这声音，我感到很幸福。我忽然觉得，这声音不是来自啄木鸟，也不是来自光秃的树木，它来自一种尚未命名的鸟，这只鸟，是这声音创造的

十九

一九八八年一月十六日，我看到了日出。我所以记下这次日出，因为有生以来我从没有见过这样大的太阳。好像发生了什么奇迹，它使我惊得目瞪口呆，久久激动不已。哥伦比亚作家加西亚马尔克斯在《百年孤独》中这样描述马贡多连续下了四年之久的雨后日出："一轮憨厚、鲜红、像破砖碎末般粗糙的红日照亮了世界，这阳光几乎像流水一样清新。"我所注视的这次日出，我不想用更多的话来形容它，红日的硕大，让我首先想到乡村院落的磨盘。如果你看到了这次日出，你会相信。

二十

已经一个月了，那窝蜂依然伏在那里，气温渐渐降低，它们似乎已预感到什么，紧紧挤在一起，等待最后一刻的降临。只有太阳升高，阳光变暖的时候，它们才偶尔飞起。它们的巢早已失去，它们为什么不在失去巢的那一天飞走呢？每天我看见它们，心情都很沉重。在它们身上，我看到了某种大于生命的东西。那个一把火烧掉蜂巢的人，你为什么要捣毁一个无辜的家呢？显然你只是想借此显示些什么，因为你是男人。

二十一

太阳的道路是弯曲的。我注意几次了。在立夏前后，朝阳能够照到北房的后墙，夕阳也能够照到北房的后墙。其他时间，北房拖着变深的影子。

二十二

立春一到，便有冬天消逝、春天降临的迹象。整整过了一冬的北风，已经从天涯返回。看着旷野，我有一种庄稼满地的幻觉。踩在松动的土地上，我感到肢体在伸张，血液在涌动。我想大声喊叫或疾速奔跑，想拿起锄头拼命劳动一场。爱默生认为，每一个人都应当与这世界上的劳作保持着基本关系。劳动是上帝的教育，它使我们自己与泥土和大自然发生基本的联系。

但是，在这个世界上，有一部分人，一生从未踏上土地。

二十三

捕鸟人天不亮就动身，鸟群天亮开始飞翔。捕鸟人来到一片果园，他支起三张大网，呈三角状。一棵果树被围在里面。捕鸟人将带来的鸟笼，挂在这棵树上，然后隐在一旁。捕鸟人称笼鸟为"游子"，它们的作用是呼喊。游子在笼里不懈地转动，每当鸟群从空中飞过，它们便急切地扑翅呼应。它们凄怆的悲鸣，使飞翔的鸟群回转。一些鸟撞到网上，一些鸟落在网外的树上，稍后依然扑向鸟笼。鸟像树叶一般，坠满网片。

丰子恺先生把诱引羊群走向屠场的老羊，称作"羊奸"。我不称这些圈子为"鸟奸"，人类制造的任何词语，都仅在它自己身上适用。

《观火》不宜选作学生读物

《观火》作者把火烧房屋当作天下奇观来欣赏，把昏君烧掉罗马城当作深知享福人羡慕赞颂，把没去看美国大森林火烧一两个月怨恨自己命坏，等等这些话，与"喜气洋洋，看人烧房；拍手哄笑，老虎拖娘"的话有多少区别呢？让今天的青少年去认同和欣赏"火烧屋好看"那种审美观，那种把自己的快乐建立在他人灾难上的心理和心思，必然弊多利少。

每个人都有自己的爱好，只要对他人、对社会无伤害，任何爱好，他人都不应干涉，也无权干涉。例如《观火》（《新语文读本》高中卷1，必修，钱理群、王尚文主编，广西教育出版社，2010年第16次印刷））的作者，他爱好观火，甚至上了"火瘾"，看不到火就难受，以至用烟斗抽烟，没烟就擦燃火柴，以此来缓解"火瘾"，别人也无需非议。他独自在房中火炉旁"无聊地走来走去"时，把炉火当作"单身汉的最好伴侣"，当作"体态轻盈"的舞伴，以至"想入非非"，这是他的自由、他的权利，即使他像希腊哲学家、数学家芝诺，爱火爱得跳进火山口里去，人们也不应该也无权去苛责他。更何况《观火》是20世纪三十年代的作品，作者有"火隐"可能与他当时的时代、处境有关，爱火或另有隐情，另有所指。

但是，如果爱火爱到了极端，不管是毁灭性的火，还是灾难性的火，全都爱，并将这种爱极力夸耀宣传，以至让当今的青少年去欣赏去学习，这就很值得考虑了。例如《观火》的作者爱火爱得恨不能自己也成为"无拘无束"

的火焰，"顺着自己的意志狂奔……冲倒习俗，成见，道德种种的藩篱，一直恣意干去，任情飞舞"。假如我们的青少年真去欣赏学习这种"火焰"，让意志狂奔、恣意干事、任情飞舞，若这样发展下去，就可能萌发出"火烧屋好看"的可怕心理和心思，就可能会无法无天，在家无视父母，在社会上无视党纪国法。

《观火》的作者说："我家乡有一句土谚：'火烧屋好看，难为东家。'火烧屋的确是天下一个奇观。无数的火舌越梁穿瓦，沿窗冲天地飞翔，弄得满天通红了，仿佛地球被掷到熔炉里去了，所以没有人看了心中不会起种奇特的感觉，据说尼罗王因为要看大火，故意把一个大城全烧了，他可说是知道享福的人，比我们那班做酒池肉林的暴君高明得多。我每次听到美国那里的大森林着火了，燃烧得一两个月，我就怨自己命坏，没有在哥伦比亚大学当学生。不然一定要告个病假，去观光一下。"

作者在这些话中说的烧房屋、烧罗马城、烧森林的火，全是毁灭性的火，全是灾难性的火，这火与文中波斯人、芝诺、唐南遮（邓南遮）、赫垃克利特、爱尔兰人等心目中的火绝然不同，他们把火当作宇宙万物之源、当作人的生命、人的灵魂去爱。爱看烧房烧城烧森林，爱看活生生的人被烧伤烧死，爱看无数的财产化为乌有，这种爱好是多么危险、多么恐怖！

笔者家乡也有看烧房的土谚语，但意思与"火烧屋好看，难为东家"完全相反。那谚语是"喜气洋洋，看人烧房；拍手哄笑，老虎拖娘。"这是对"火烧屋好看"一类人的极其鄙视和愤然谴斥。他们喜气洋洋地看人家烧房子，就像看见老虎把自己的亲娘咬伤咬死，用嘴叼着拖进深山，竟毫无焦心痛心，却像看见猛虎似的男人搂着拖着与己无关的女人进入隐蔽处，幸灾乐祸，拍手哄笑。

《观火》作者把火烧房屋当作天下奇观来欣赏，把昏君烧掉罗马城当作深知享福人羡慕赞颂，把没去看美国大森林火烧一两个月怨恨自己命坏等等这些话，与"喜气洋洋，看人烧房；拍手哄笑，老虎拖娘"的话有多少区别呢？让今天的青少年去认同和欣赏"火烧屋好看"那种审美观，那种把自己的快乐建立在他人灾难上的心理和心思，必然弊多利少。所以，笔者认为《观火》不宜选作学生读物。

（2013 年 8 月）

附：《观火》
梁遇春

　　独自坐在火炉旁边，静静地凝视面前瞬息万变的火焰，细听炉里呼呼的声音，心中是不专注在任何事物上面的，只是痴痴地望着炉火，说是怀一种惆怅的情绪，固然可以，说是感到了所有的希望全已幻灭，因而反现出恬然自安的心境，亦无不可。但是既未曾达到身如槁木，心如死灰的地步，免不了有许多零碎的思想来往心中，那些又都是和"火"有关的，所以把它们集在"观火"这个题目底下。

　　火的确是最可爱的东西。它是单身汉的最好伴侣。寂寞的小房里面，什么东西都是这么寂静的，无生气的，现出呆板板的神气，惟一有活气的东西就是这个无聊赖地走来走去的自己。虽然是个甘于寂寞的人，可是也总觉得有点儿怪难过。这时若使有一炉活火，壁炉也好，站着有如庙里菩萨的铁炉也好，红泥小火炉也好，你就会感到宇宙并不是那么荒凉了。火焰的万千形态正好和你心中古怪的想象携手同舞，倘然你心中是枯干到生不出什么黄金幻梦，那么体态轻盈的火焰可以给你许多暗示，使你自然而然地想入非非。她好像但丁《神曲》里的引路神，拉着你的手，带你去进荒诞的国土。人们只怕不会做梦，光剩下一颗枯焦的心儿，一片片逐渐剥落。倘然还具有梦想的能力，不管做的是狰狞凶狠的噩梦，还是融融春光的甜梦，那么这些梦好比会化雨的云儿，迟早总能滋润你的心田。看书会使你做起梦来，听你的密友细诉衷曲也会使你做梦，晨曦，雨声，月光，舞影，鸟鸣，波纹，桨声，山色，暮霭……都能勾起你的轻梦，但是我觉得火是最易点着轻梦的东西。我只要一走到火旁，立刻感到现实世界的重压——消失，自己漫在梦的空气之中了。有许多回我拿着一本心爱的书到火旁慢读，不一会儿，把书搁在一边，却不转睛地尽望着火。那时我觉得心爱的书还不如火这么可喜。

它是一部活书。对着它真好像看着一位大作家一字字地写下他的杰作，我们站在一旁跟着读去。火是一部无始无终，百读不厌的书，你哪回看到两个形状相同的火焰呢！拜伦说："看到海而不发出赞美词的人必定是个傻子。"我是个沧海曾经的人，对于海却总是漠然地，这或者是因为我会晕船的缘故罢！我总不愿自认为傻子。但是我每回看到火，心中常想唱出赞美歌来。若使我们真有个来生，那么我只愿下世能够做一个波斯人，他们是真真的智者，他们晓得拜火。

记得希腊有一位哲学家——大概是 Zeno 罢——跳到火山的口里去，这种死法真是痛快。在希腊神话里，火神是个跛子，他又是一个大艺术家。

天上的宫殿同盔甲都是他一手包办的。当我靠在炉旁时候，我常常期望有一个黑脸的跛子从烟里冲出，而且我相信这位艺术家是没有留了长头发同打一个大领结的。

在《现代丛书》的广告里，我常碰到一个很奇妙的书名，那是唐南遮的长篇小说《生命的火焰》。唐南遮的著作我一字都未曾读过，这本书也是从来没有看过的，可是我极喜欢这个书名，《生命的火焰》这个名字是多么含有诗意，真是简洁地说出人生的真相。生命的确是像一朵火焰，来去无踪，无时不是动着，忽然扬焰高飞，忽然销沉将熄，最后烟消火灭，留下一点残灰，这一朵火焰就再也燃不起来了。我们的生活也该像火焰这样无拘无束，顺着自己的意志狂奔，才会有生气，有趣味。我们的精神真该如火焰一般地飘忽莫定，只受里面的热力的指挥，冲倒习俗，成见，道德种种的藩篱，一直恣意干去，任情飞舞，才会迸出火花，幻出五色的美焰。否则阴沉沉地，若存若亡地草草一世，也辜负了创世主叫我们投生的一番好意了。我们生活内一切值得宝贵的东西又都可以用火来打比。热情如沸的恋爱，创造艺术的灵悟，虔诚的信仰，求知的欲望，都可以拿火来做象征。Heracleitus 真是绝等聪明的哲学家，他主张火是宇宙万物之源。难怪得二千多年后的柏格森诸人对着他仍然是推崇备至。火是这么可以做人生的象征的，所以许多民间的传说都把人的灵魂当作一团火。爱尔兰人相信一个妇人若使梦见一点火花落在她口里或者怀中，那么她一定会怀孕，因为这是小孩的灵魂。希腊神话里，Prometheus 做好了人后，亲身到天上去偷些火下来，也是这种的意思。有些诗人心中有满腔的热情，灵魂之火太大了，倒把他自己燃烧成灰烬，短命的济慈就是一个好例子。

可惜我们心里的火都太小了，有时甚至于使我们心灵感到寒战，怎么好呢？

我家乡有一句土谚："火烧屋好看，难为东家。"火烧屋的确是天下一个奇观。无数的火舌越梁穿瓦，沿窗冲天地飞翔，弄得满天通红了，仿佛地球被掷到熔炉里去了，所以没有人看了心中不会起种奇特的感觉，据说尼罗王因为要看大火，故意把一个大城全烧了，他可说是知道享福的人，比我们那班做酒池肉林的暴君高明得多。我每次听到美国那里的大森林着火了，燃烧得一两个月，我就怨自己命坏，没有在哥伦比亚大学当学生。不然一定要告个病假，去观光一下。

许多人没有烟瘾，抽了烟也不觉得什么特别的舒服，却很喜欢抽烟，违了父母兄弟的劝告，常常抽烟，就是身上只剩一角小洋了，还要拿去买一盒烟抽，他们大概也是因为爱同火接近的缘故吧！最少，我自己是这样的。所以我爱抽烟斗，因为一斗的火是比纸烟头一点儿的火有味得多。有时没有钱买烟，那么拿一匣的洋火，一根根擦燃，也很可以解这火瘾。

离开北方已经快两年了，在南边虽然冬天里也生起火来，但是不像北方那样一冬没有熄过地烧着，所以我现在同火也没有像在北方时那么亲热了。回想到从前在北平时一块儿烤火的几位朋友，不免引起惆怅的心情，这篇文字就算做寄给他们的一封信吧！

《把握未来科技发展趋势》语病简析

《把握未来科技发展趋势》一文中有几个句子表意不准，甚至将意思说反了……

全日制普通高中教科书（97年版）《语文》第二册《把握未来科技发展趋势》（人民教育出版社，1997年版）一文中有几个句子表意不准，甚至将意思说反了，现摘录于后，并试作分析。

课文开头的三句：

"（1）著名的未来学家托夫勒曾经指出：在人类社会发展过程中，农业社会重视过去，工业社会重视现在，信息社会重视未来。（2）这是因为，农业社会在发展生产的过程中，重要的是总结经验，所以重视过去；而工业社会面对社会的大量需求，必须采用大规模生产方式，因而重视现在；但今后的信息社会，信息是主旋律，并处于不断变化中，如果不能把握其发展趋势，掌握未来变化规律，那就很难适应这个变化，更难在这个变化中取胜，因而重视未来。（3）从这个角度说，把握发展趋势非常重要，其中把握科技发展趋势尤为关键。"

这三句话，（1）（2）两句是因果关系，（1）是果，（2）是因。而第（2）句本身也是个因果句。（2）中的"这"指代（1）中"农业社会重视过去，工业社会重视现在，信息社会重视未来"，"这"即是（2）的"果"，而"这"与后面的"重视过去"、"重视现在"、"重视未来"，三者同属于"果"。

凡是因果关系的句子，其表达形式无非是"因为 A，所以 B"，或"B 是因为 A"，决不应说成"B 是因为 A 所以 B"，所以，很显然，（2）中的"所以重视过去"，"因而重视现在"，"因而重视未来"，都应删掉。另外，（2）中的"而"、"但"这两个转折连词也应该删除，因为两个分号的前后三者是并列关系，分别叙说农业社会重视过去、工业社会重视现在、信息社会重视未来的原因，并无转折的意思。（3）中的"从这个角度说"，"这个"使人不好理解。（1）、（2）两句都讲了农业社会、工业社会、信息社会的事，"这个"应该承前复指，但根据（3）的意思揣摩，"这个"仅是指（2）中的把握发展趋势。可见（3）存在着三起单承的弊病。

在"未来世纪的特点"这一节里，结尾的一句**"为此，我们要强化能迅速适应变化的思维定式和创新意识……"**，"思维定式"是人们按照公认为比较妥善的或者习惯的程序进行思维活动的方式，一般指的是固定不变的守旧的思维方式。而创新意识是一种弃旧求新的心理活动，是随着事物的发展变化，不断更新观念，改变原有的思维方式及原有的认识和观点。所以思维定式和创新意识，同时作为被强化的对象是不妥的根据上句"我们要把握发展趋势，掌握变化规律，使自己在迅速变化的大环境中，不仅适应潮流，而且在竞争中取得胜利"去理解，这里强化的只是创新意识，而思维定式却应该被弱化以至改变它。

在"未来世纪的特点"里，"计算机可以联成网络，而且利用这种网络搞信息化"，"而且"后应加"可以"，或者将"而且"改为"可以"，否则语意表达不太准确，语气也不太顺畅。

（1998 年）

附：《把握未来科技发展趋势》

朱丽兰

著名的未来学家托勒曾经指出：在人类社会发展进程中，农业社会重视过去，工业社会重视现在，信息社会重视未来。这是因为，农业社会在发展生产的过程中，重要的是总结经验，所以重视过去；而工业社会面对社会的大量需求；必须采用大规模生产方式，因而重视现在；但今后的信息社会，信息是主旋律，并处于不断变化之中，如果不能把握其发展趋势，掌握未来变化规律，那就很难适应这个变化，更难在这个变化过程中取胜，因而重视未来。从这个角度说，把握发展趋势非常重要，其中把握科技发展趋势尤为重要。因为科技发展趋势是整个世界发展趋势的主导力量。马克思曾经说过："科学是最高意义上的革命力量。"邓小平又精辟的概括为"科学技术是第一生产力"。这些话最重要的含义就是科技是第一位的变革力量，是变化中的主导因素。因此，把握科技发展趋势，及时做出正确判断和决策，是非常重要的。

人类面临的21世纪的主要特点就是加速度变化。例如，一家分行瞬间倒闭，汇率骤然变动，有些非常显赫的公司眨眼间消失，这都跟的整体发展、信息的快速流动有密切关系。

人类正进入通过加快科技发展和加强管理来改变自己命运的时代。在这个时代，也许会从此摆脱贫困，走向富裕，超过过以往任何时代；但是搞得不好，贫富差距也许会成倍扩大。

社会的加速度，首先表现在科技发展上，它的加速现象是令人难以置信的。例如，计算机从大得装满整个房间，到小得能放在桌子上，只用了35年；双台式发展到膝上式，只用了不到10年。又如，本世纪大部分时间里，邮政和电话是人类的重要通讯手段，而最近10年，传真机、语音传递和电子邮件得到广泛应用。由于技术变化很快，今天画板上的草图都有可能成为未来世纪的重要技术，并使社会发生重大变化。

计算机的发明，对人类社会的影响太大了，有人说连发明者也始料未及。苹果公司的创始人说，人类从根本上说是工具的创造者，而计算机是人类创造的最了不起的工具。对于计算机的发展，要掌握它的两个趋势，即计算机的个人化和计算机的网络化。

计算机的个人化是人类观念的一大突破。IBM是世界著名企业之一，但是在一段时间里，它的利润却大大降低，原因就在于它没有及时认识到计算机个人化的发展趋势，误认为发展大型机仍然是主流。而比尔.盖茨这位微软公司年轻的总裁，正是在这种发展趋势刚露苗头时就抓住了机遇。他在 1975 年创建了微软公司，提出让每张桌面和每个家庭都有一台计算机的口号。现在，这个口号正在逐步成为现实。

计算机的网络化也是一个大趋势。计算机可以联成网络，而且利用这种网络搞信息化。正是由于网络化，连比尔盖茨这样的人现在也感到了威胁。他最近说，他现在也面临着 IBM 过去面临的危机。

以上情况说明，谁掌握了技术的发展趋势，抓住了时机，谁就能得到发展，否则必将陷入危机。我们要把握发展趋势，掌握变化规律，使自己在迅速变化的大环境中，不仅适应潮流，而且在竞争中取得胜利。为此，我们要强化能迅速适应变化的创新意识；注重探讨可以预见和不可预见的重大趋势及其影响；在把握趋势的前提下，根据自身环境和条件，作出正确决策和整体战略部署。

无休止地挨打，还笑？
——对高中语文课本中的《两首诗》的质疑

不设法制止火山地震那些大运动，鱼儿们敢跟谁斗？怎么斗？能让你斗？艾青自己说：那火山地震不断爆发的年月里，"变成化石的人太多了"。而那些化石人原先多是因为积极地跳跃、浮沉、运动，火山地震般的"反右"、"文革"等大运动却要把他们变成化石，使他们"不能动弹"，"绝对的静止"，决不容许他们把能量发挥干净。

全日制普通高级中学教科书《语文》（人民教育出版社1997年版）第三册上选用了艾青的《鱼化石》和《礁石》两首诗。这两首诗发表后一直受到赞美推崇，人民教育出版社编著的语文教参说《鱼化石》"是诗人丰富多变的生活经历的结晶，浓缩了人生经验和哲理""是蕴藏哲理的小诗"；说《礁石》"诗味无穷，耐人寻味"。而我读后只觉得这诗中的所谓哲理无异于在进行奴化教育，在宣扬阿Q的精神胜利法，只感到苦味，甚至感到悲哀，为化石鱼和礁石们，也为诗人感到悲哀。

《鱼化石》中写的那条成了化石的鱼，原先"动作多么活泼，精力多么旺盛，在浪花里跳跃，在大海里的浮沉。"可是，"不幸遇到火山爆发，也可能是地震"，鱼于是"失去了自由，被埋进了灰尘"，成了鱼化石。"过了多少亿年，地质勘查队员，在岩层里发现了你（鱼化石），依然栩栩如生。但你是沉默的，连叹息也没有，鳞和鳍都完整，却不能动弹；你绝对的静止，对外界毫无反应，看不见天和水，听不见浪花的声音。"读到这里，我们对那条活泼地精力旺盛地在大海里跳跃浮沉的鱼，失去自由失去生命，正感到痛惜，对夺走了鱼儿的自由和生命的火山地震正在沉思，诗人却似乎生怕读者产生非正统的思想，怕他们有"越轨"的联想，便急急地岔开读者的思路，老于世故地教训读者："凝视着一片化石，傻瓜也得到教训：离开了运动，就没有生命。活着就要斗争，在斗争中前进，当死亡没有来临，把能量发挥干净。"这真令人莫名其妙：那化石鱼原先那样活泼、那样精力旺盛，在海洋里跳跃浮沉，不是在尽情地运动，尽力地把能量发挥干净吗？可是，它无法预测无法抗拒的火山地震的大运动，剥夺了它的自由和生命，使它不能再运动。对扼杀了无数条鱼，无数条生命的火山地震的大运动不敢面对，不置一词，怕置一词，不敢怨不敢恨，却转脸教训着还活着的鱼儿们："活着就要斗争，在斗争中前进。"联想艾青他们所处的年代许许多多文人的遭际，难道还不清楚：不设法制止火山地震这些大运动，鱼儿们敢跟谁斗？怎么斗？能让你斗？艾青自己说：那火山地震不断爆发的年月里，"变成化石的人太多了"。而那些化石人原先多是因为积极地跳跃、浮沉、运动，火山地震般"反右""文革"等大运动却要把他们变成化石，使他们"不能动弹""绝对的静止"，决不容许他们把能量发挥干净。

以往有许许多多的知识分子，明明受到了不公正的对待，明明遭到了诬陷、迫害、凌辱、"埋没"，却总是那样忍气吞声，对诬陷、凌辱他们的权势者，对"埋没"他们的大运动，不敢有微词，反而"诚心诚意"地反省，检讨自己，教育自己。更可悲的就像《礁石》中那块礁石："一个浪，一个浪／无休止地扑过来／每一个浪都在它脚下／被打成碎沫，散开／他的脸上和身上／像刀砍过一样／但他依然站在那里／含着微笑，看着海洋……"你看，恶浪无休止地扑过来，礁石脸上和身上像刀砍过一样，连续地遭受着凶狠狠的迫害和打击，面对着疯狂的完全丧失了理性的东西的凌辱和践踏，礁石居然依然"含着微笑，看着海洋"！这笑到底是什么意思呢？是"每一个浪都在它脚下／被打成碎沫，散开"了，礁石就自以为是胜利者？它的笑是胜利者喜悦的微笑？这简直是自欺欺人。恶浪扑打礁石，恶浪自己被打成碎沫，这只能说明恶浪凭借某种势力扑打的猛烈凶狠，以及外强中干本质虚弱，但这些碎沫们依仗着某种势力很快会重新乌合起来，无休止地扑打礁石，脸上和身上像刀砍过一样的还是礁石。就像是当年批判《武训传》、批判胡风"反革命集团"等等，一次次文化思想领域里的批判斗争，受伤的还是被批被斗的礁石们。如果说礁石的那种微笑是媚笑，这倒与历次政治运动中某种人很相像，他们挨了整，受了凌辱迫害打击后，还媚态十足地向凌辱迫害打击他的权势者表示反省悔改感激！这种媚笑当然不合礁石的性格，也不是诗人要赞美的。那么，这微笑是冷笑、嘲笑还是傲笑？但是，即使是冷笑、嘲笑、傲笑，我认为也都是笑错了对象，笑得太无价值。例如面对一群不住地咬噬你，欲置你于死地的疯狗，你却对它冷笑嘲笑傲笑，这种笑本身不是太可笑了吗？有人说：这种笑体现了中国知识分子宁可杀不可辱的士气骨气，更有甚者是我们的教科书，我们的语文老师居然教学生学习"礁石坚定自信豁达乐观的人格品质"（摘自《萍乡市 1999-2000 学年第一学期期末考试高二语文试卷》）！如果我们的莘莘学子学会了礁石的那种人格品德，一旦遭受连续不断的凌辱迫害打击，却"豁达乐观"地微笑着，这简直比阿 Q 挨了打后骂出的"儿子打老子"还不如。如果这样，要是以后再"反右"、再搞文化大革命、再搞地震、再搞火山爆发，那他们一个个只能含着微笑去变成鱼化石！

（2000 年）

附：《两首诗》

艾 青

鱼化石

动作多么活泼，

精力多么旺盛，

在浪花里跳跃，

在大海里浮沉；

不幸遇到火山爆发，
也可能是地震，
你失去了自由，
被埋进了灰尘；

过了多少亿年，
地质勘察队员，
在岩层里发现你，
依然栩栩如生。

但你是沉默的，
连叹息也没有，
鳞和鳍都完整，
却不能动弹；

你绝对的静止，
对外界毫无反应，
看不见天和水，
听不见浪花的声音；

凝视着一片化石，
傻瓜也得到教训，
离开了运动，
就没有生命。
活着就要斗争，
在斗争中前进，
当死亡没有来临，
把能量发挥干净。

礁石

一个浪，一个浪

无休止地扑过来

每一个浪都在它脚下

被打成碎沫，散开……

它的脸上和身上

像刀砍过的一样

但它依然站在那里

含着微笑，看着海洋……

"疲倦"使诗意诗境全疲塌了
——《山民》的诗意之我见

"他不再想了／儿子也使他很疲倦"，这两行诗与前后的诗意格格不入，后面的这个"疲倦"使《山民》这首诗诗意前后抵牾，使《山民》前有的诗意诗境全疲塌了。如果将"他不再想了／儿子也使他很疲倦"删去，第四段的诗意紧紧地承接第三段，全诗的结构紧凑，语言晓畅，隽永的意味也就尽显出来了。

全日制普通高级中学教科书《语文》（人民教育出版社，2003 年版）第三册上《中国当代诗四首》，其中《山民》有两处写了山民的"疲倦"，我认为这前后两个疲倦使前后诗意相悖，后一个"疲倦"使《山民》诗意诗境全疲塌了。

《山民》写的是一个山民向往见到大海的寓言故事。全诗四段，第一段：

小时候，他问父亲

"山那边是什么"

父亲说"是山"

"那山的那边呢"

"山，还是山"

他不作声了，看着远处

山第一次使他这样疲倦

作为诗，诗中的山，诗人一定赋予了它一种象征比喻意义。象征比喻什

065

么呢？为什么那个小山民听到"山，还是山"，就不作声，就使他疲倦呢？第二段的前两行"他想，这辈子是走不出这里的群山了／海是有的，但十分遥远"，几乎就是在解答这两个问题。这个小山民向往能看见大海，但从父亲的话中得知，山太多路太远，于是他就不作声，是山使他疲倦没劲了，山是他的一种压力、阻力和困难。诗中的大海显然是象征比喻山民美好的向往、理想，"山，还是山"则是象征比喻实现那向往、理想的阻力很多困难重重，这许多的阻力和困难使他丧失信心，使他失望，使他想到"海十分遥远"，而"他只能活几十年／所以没有等到他走到那里／就死在路上了"。这是那个山民听了父亲的话后，开始的一种消积悲观的想法。全诗二到四段全是写山民内心之所想。但在消极悲观的想法后，他立即想到了他的老婆，想到了他的子子孙孙：

> 他觉得应该带着老婆一起上路
> 老婆会给他生个儿子
> 到他死的时候
> 儿子就长大了
> 儿子也会有老婆
> 儿子也会有儿子
> 儿子的儿子也还会有儿子

　　山民想到这些，按逻辑，按情理，他就有了希望，有了动力，他的疲倦会顿时消退，他的信心会重新树立。想到他的子孙能见到大海，必定很激动很兴奋很来劲。此时，如果还有什么遗憾的话，"他只是遗憾／他的祖先没有像他一样想过／不然，见到大海的就是他了"。那"只是遗憾"四字反衬着山民此时满心满意的心态和情态，表现他想到自己后代能见到大海的由衷兴奋和喜悦。这种正反对照的写法，大概是诗人意在赋予和赞颂山民能从长远着眼、积极、乐观、向上的精神，这大概也是这首诗的意趣和意旨之所在。可是令人不解的是在"他只是遗憾"之前，在山民想到"儿子的儿子还会有儿子"之后，却夹了两行"他不再想了／儿子也使他很疲倦"，似乎儿孙们也是他小时候心目中的群山，"使他这样疲倦"，使他失望，使他丧失信心；似乎他自己是个胸襟狭窄目光短浅的自私者，见到大海的不是他本人，他就"不再想了"，就感到疲倦没劲了。总之，不管怎样理解，这两行诗与前后的诗意格格不入，后面的这个疲倦使《山民》这首诗诗意前后抵牾，使《山民》前有的诗意诗境全疲塌了。如果将"他不再想了／儿子也使他很疲倦"删去，第四段的诗意紧紧地承接第三段，全诗的结构紧凑，语言晓畅，隽永的意味也就尽显出来了。

（2013 年 7 月）

附：《山民》
韩 东

小时候，他问父亲
"山那边是什么"
父亲说"是山"
"那边的那边呢"
"山，还是山"
他不作声了，看着远处
山第一次使他这样疲倦

他想，这辈子是走不出这里的群山了
海是有的，但十分遥远
他只能活几十年
所以没有等他走到那里
就已死在半路上了
死在山中

他觉得应该带着老婆一起上路

老婆会给他生个儿子
到他死的时候
儿子就长大了
儿子也会有老婆
儿子也会有儿子
儿子的儿子也还会有儿子
他不再想了
儿子也使他很疲倦

他只是遗憾
他的祖先没有像他一样想过
不然，见到大海的该是他了

到底要保留清高的什么气度?
——《漫谈清高》异议

作者在他所谓的"清高模式"中说,像许由这样不为天下人办事的人评他为清高之人没有道理,而诸葛亮及汲黯、苏武、魏征、颜真卿、史可法等为天下人办了许多好事大事,都以高风亮节著称于史,但都"因做官而不被评为清高"。因此作者在最后一段劝告人们"保留一点清高的气度",保留的是什么气度,读者大概要憬然而愕然了。因为我们决不会相信作者会劝人保留许由那种"不愿为天下人办事"的清高气度,人们也不需要陶渊明那种"不愿做官与富贵无缘",并且还需有"不平凡的本事"的清高气度。

"清高"一词比较独特,它既是褒义词又是贬义词。当人们听说某某人很清高时,也许在一部分人心目中,这个人不慕荣利洁身自好,肃然起敬;在另一部分人头脑中,他可能是个孤僻怪异孤高傲慢不合群的讨厌者。因此辞书上有关清高的义项往往是对立的两项,如《现代汉语词典》的注释就是"1. 指人品纯洁高尚,不同流合污;2. 指人孤高不合群。"对于这个具有独特性的"清高",如果有文人学者用专文详细阐说,对清高之人深刻剖析,吸其精华去其糟粕,这对青少年了解学习并继承优秀文化传统,培养纯洁高尚的品行都是大有裨益的。

人民教育出版社 2007 年 3 月版高中语文第三册上的《漫谈清高》,顾名思义,它就是一篇专谈清高的课文。可是这篇文章对"清高"的解释与辞书的注释和常人的理解大相径庭,文中大谈特谈的清高的两个模式:一个是与富贵绝无缘；一个是除不愿做官与富贵无缘外，还得有些作诗写字画画一类才艺专长。这两个模式中的"清高"几乎与"人品的纯洁高尚"挨不着边。文中最后一段劝人"保留一点清高的气度"，到底要保留清高的什么气度，就使人一团雾水。

《漫谈清高》全文共8段，第一段是对清高的解释。我们先看作者的解释。"清高"本是一个并列关系的形容词，它们相辅相成彰显清高这种品行的纯洁高尚。可作者将清高作为对立关系来阐释，他说："清""无非是为人清白正直，不搞邪的、歪的、见不得人的勾当"；"高"则"不同于高风亮节、德高望重之高，而是总要带上一点孤独乃至孤僻的意味，或者可以解释为孤高"。这样阐释，将清高原本蕴含的在他人不顾人格争名夺利趋炎附势投机钻营的环境中，不慕荣利品行高洁高尚的意味失却了，突现的是孤高傲慢孤僻怪异不合群，"清高"留给读者深刻印象也就只有它的负面意义。

而接下来的六大段中，在那两个"清高"的模式中，清高几乎被扭曲得全是糟粕了。他说："传说中第一个清高之人恐怕要数许由了。"但"这美谈又反映了古代士人相当混乱的价值取向。唐尧是人人称颂的圣君……然而他所选择的接班人却不愿为天下人办事，不愿为天下人办事却同样受到了称赞，真不知是什么道理。"这样一评，把不慕荣利不图人们赞颂的清高者判成了不愿为天下人办事的极端自私者，而那些士人赞颂得全无道理，全是价值取向混乱。并且这无道理的赞颂，这混乱的价值取向，似乎遗患无穷，因为"关于许由的美谈却事实上给清高规定了一个模式，即凡是显贵的人是不大可能得到清高之名的……清高是与富贵无缘的。"按照这个模式去套，一个人只要显贵了富贵了，不管他事实上怎么清高也得不到清高之名了。例如诸葛亮，当"他'高卧隆中'之时，是可以称为清高的；后来辅佐刘备，成为蜀汉丞相，在后人心目中德高望重，近乎完人，却无人说他清高。"在这个模式中，清高几乎成了不为天下人办事的代名词。你看，许由因不为天下人办事，成了传说中第一个清高之人；诸葛亮高卧隆中没有为天下人办事时才可以称为清高，成为丞相后，为"国"操劳，鞠躬尽瘁就无人说他清高了。我们真不知道，何时何人给清高规定了这么一个模式？不知作者凭什么说诸葛亮高卧隆中时可称为清高，成为蜀相德高望重就无人说他清高？难道高卧隆中静观天下心忧黎民运筹草庐，就是《漫话清高》中所说的孤独狐僻孤高，因而就可以称为清高？成为丞相，地位显贵就玷污了清高？但"诗圣"杜甫在《咏怀古迹》中不是盛赞"诸葛大名垂宇宙，宗臣遗像肃清高"吗？很显然杜甫盛赞的诸葛亮是高卧隆中之后的诸葛亮，而这"清高"的"高"显然有高风亮节德高望重的意思。并且《辞海》还把这两句诗作为运用清高的例句，难道杜甫和《辞海》都把清高的含义理解错了？

在这个清高模式中，像许由这样不为天下人办事的人评他为清高之人没有道理，而诸葛亮及汲黯、苏武、魏征、颜真卿、史可法等为天下人办了许多好事大事，都以高风亮节著称于史，但都"因做官而不被评为清高"，那么，什么样的人具备什么样的条件才能算得上清高？在4至5段中作者告诉我们：只有陶渊明在古人心目中才是"纯正的清高""清高的典型"。他凭什么？作者给出的答案是：因为他除不愿做官与富贵无缘外，还有些"不平凡的本事"。这是作者归结出的第二个清高的模式，即"陶渊明这个清高模式"。这个模式中的"不平凡的本事"，文中指的是会写诗写字画画这样一些才艺专长。在作者看来，正因为有了这个模式，"像林和靖、倪云林等人，也都因具有才艺专长，才成为著名的清高之人。"并且，按照这个模式，像李白——尽管他用时之心过于急切，又极为自负，缺乏恬退风度，有了做官的可能便得意，没了官做则又傲然；像孟浩然——尽管他求援用世之心极为明显，做不成官，又不无牢骚，但他们都具有参与评定清高样板的资格。因为他们都有写诗的"才艺专长"，又写过"安能摧眉折腰事权贵"的诗，或者"对做官也有不在乎的一面"。只是清高的样板的标准还严格了些或模糊了些，才使得李白"没成为公认的清高的样板"；才使得"理应成为一个清高样板的"孟浩然"在历史上却仍然不是公认的清高样板"。

《漫话清高》中这两个清高的模式，第一个是否定式，即凡是显贵富贵的人与清高无缘；第二个是肯定式，即不愿做官与富贵无缘又有才艺专长的人就能享有清高之名。这才艺专长，在作者笔下又似乎是最突出最重要的条件，像李白、孟浩然虽然都想做官，想富贵，但他们会写诗，有才艺专长，就都有评上清高的资格。按照这两个模式的条件和标准来评定清高，清高中的不慕荣利洁身自好人品纯洁高尚等全抛弃在外。按照这两个模式的条件和标准，不仅像大名垂宇宙遗像肃清高的诸葛亮那样高风亮节德高望重的古人不能享有清高之名，像不领美国救济粮的朱自清这样的现代知识分子更是与清高挨不上边了。事实上文中列举的享有清高之名和不被评为清高的十多人中，没有一个是近代和当代人。平日我们评说那些不趋炎附势不同流合污洁身自好的教师文人时，说的某某老师清高、这是知识分子的清高一类话，在《漫谈清高》的作者看来，可能也是无道理，是价值取向的混乱，或是清高的外延过大涵义模糊了。若真按照这两个模式的条件和标准来评定清高的话，大概凡是有点上进心事业心和爱国精神的人都不需要或不想要清高了。因为他们大概都不会讨厌显贵富贵以及"做官"。因为他们知道，在一般情况下，有上进心事业心和献身精神的人，就可能显贵富贵以至"做官"；显贵富贵以至"做官"了，又能有更多更好的条件和机会去干事业做贡献。又因为写诗写字画画这类才艺专长对一般人来说并非正业，又难学到，若为得到清高，费时费力去学它得不偿失。基于这两个原因，谁还会愿意牺牲时间牺牲富贵牺牲事业去换取不为天下人办事、与富贵无缘、学些可沽名钓誉的才艺特长等几乎尽是糟粕的清高？因此作者在最后一段劝告人们"保留一点清高的气度"，保留的是什么气度，读者大概要憮然而愕然了。因为我们决不会相信作者会劝人保留许由那种"不愿为天下人办事"的清高气度，人们也不需要陶渊明那种"不愿做官与富贵无缘"，并且还需有"不平凡的本事"的清高气度。

（2008 年 4 月 1 日）

附：《漫话清高》
金开诚

在漫长的封建社会中，清高曾是个褒义词，清高的人一般说来是受到敬重的。清高的"清"，意思比较明白，无非是为人清白正直，不搞邪的、歪的、见不得人的勾当。至于"高"的含义，则似乎不同于高风亮节、德高望重之高，而是总要带上一点孤独乃至孤僻的意味，或者可以解释为孤高。因此，清高的名声首先总是落到遗世寂居的隐士头上。

传说中第一个清高之人，恐怕要数许由了。据说唐尧要把天下禅让给他，他认为这话污染了耳朵，因而跑到颍水边上去洗耳。此事不知真假，但在古代却传为美谈。这美谈又反映了古代士人相当混乱的价值取向。唐尧是人人称颂的圣君，圣君是因为给天下人办了好事所以受到称颂；然而他所选的接班人却不愿为天下人办事，不愿办事却同样受到称赞，真不知是什么道理。

道理虽然说不清，但关于许由的美谈却事实上给清高规定了一个模式，即凡是显贵的人是不大可能得到清高之名的；后来显贵又扩大为富贵，即清高是与富贵无缘的。例如诸葛亮，当他"高卧隆中"之时，是可以称为清高的；后来辅佐刘备，成为蜀汉丞相，在后人心目中德高望重，近乎完人，却无人说他清高。汲黯、苏武、魏徵、颜真卿、史可法等，都以高风亮节著称于史，但也因做官而不被评为清高。当然，历史上对这些人的评价之高是远非清高二字可比的。

在历史上被称为清高的人中，陶渊明大约要算突出的了。他因不愿为五斗米折腰（这句话现在有新解，姑置勿论），辞去彭泽令，归隐田园，以"力耕"谋取"衣食"。这种情况与富贵绝无因缘，在古人心目中乃成为纯正的清高。

不过，从陶渊明这个清高模式来看，一个人的行为与思想固然决定了他是否有清高之"实"；但如果在"实"之外还能享有清高之"名"，那就还得有一些不平凡的本事才行。陶渊明除了真正清高之外，还能写一手好诗，用来言志抒情，因而实至名归，成为清高的典型。其后，像林和靖、倪云林等人，也都因具有才艺专长，才成为著名的清高之人。例如林和靖"梅妻鹤子"，隐居杭州孤山，固然很清高；但也要写出"疏影横斜水清浅，暗香浮动月黄昏"这样的咏梅绝唱，才能成为名人。倪云林隐居无锡惠山，为人有点怪癖，但他的画脱尽烟火气，确有独特风格，所以连怪癖也一同被传诵了。当然，真正清高的人是根本不在乎成名的。想无名而终于有名，其原因大概一则因为历史需要树立清高的样板，而这类样板又只能通过才艺成果的传扬来树立；假如无所表现，也就无从传扬了。二则因为有才艺本可做官，而他们竟然不做，这才证明是真正的清高。至于那才艺是否适合做官的要求，古人往往是不加深究的。在他们心目中，好像认为只要有才便可以做官。

清高是褒义词，但也不算很高的评价，然而古人评定清高却又是相当严格的；说严格却又没有明确的标准，因而相当模糊。这种情况结合实例来看比较清楚。例如李白，只做过短短一段宫廷诗人，还敢公然声称"安能摧眉折腰事权贵，使我不得开心颜"，他本人又很希望得到清高之名；然而他却终于未成公认的清高样板。原因可能是他有时用世之心过于急切，又极为自负，比较缺乏恬退风度；而且他有了做官的可能便得意地声称"仰天大笑出门去，我辈岂是蓬蒿人"；没了官做则又傲然声称"长安宫阙九天上，此地曾经为近臣"，"昔在长安醉花柳，五侯七贵共杯酒"，诸如此类的话，就很难和清高挂钩了。不过，李白是伟大的诗人，他的诗不但形象思维功夫好，而且天真毕露，想到什么就说什么。因此，没成为公认的清高样板，对他来说也算不了什么。这个实例只是说明古人评定清高的样板是相当严格的。

另一个实例则说明清高的模糊性，那就是孟浩然。他本来也是想做官的，试看《临洞庭上张丞相》一诗，他在写了"气蒸云梦泽，波撼岳阳城"这样雄劲的名句后，接着就说"欲济无舟楫，端居耻圣明，坐观垂钓者，徒有羡鱼情"，求援用世之心极为明显。后来做不成官，还不无牢骚，所以说出"不才明主弃，多病故人疏"，"当路谁相假，知音世所稀"之类的话。但孟浩然一生既未做官，而且《唐书·孟浩然传》还记述采访使韩朝宗曾约他同赴京师，欲荐于朝廷；可是孟浩然却因与故人喝酒喝得高兴，竟至失约，还说"业已饮，何恤他！"可见他对做官也有不在乎的一面。特别是归隐之后，在寂寞心情中，也多有恬淡之意。这样看来，孟浩然是理应成为一个清高样板的；而且有人也的确这样认为，试看李白的《赠孟浩然》一诗："吾爱孟夫子，风流天下闻。红颜弃轩冕，白首卧松云。醉月频中圣，迷花不事君。高山安可仰，徒此揖清芬。"（"醉月"句用《魏志·徐邈传》典，暗指孟浩然因剧饮违韩朝宗之约事。）可见在李白心目中，孟浩然的清高是极为突出的；然而孟浩然在历史上却仍然不是公认的清高样板。由此可见，对清高的评论是既严格，又模糊的。

在当代，清高曾经长期受批判，但由于它毕竟是中国传统文化中一个独特的概念和价值观念，在人们心中影响很深，因此虽然批了，却仍然没使许多人的观念真正转变；也就是说清高的价值在人们心中实际上并未降低。至于现在，在社会主义市场经济机制逐步建立的过程中，种种价值观念都在发生深刻的变化。而从抽象的道理上说，清高与市场经济几乎是绝不相容的；但实际情况却使人感觉到清高概念所包含的某些内涵，其价值趋向不仅未见疲软，反有坚挺之势，这似乎又一次证明了中国传统文化中一系列正反互补思想的奥妙。在市场经济中，有的人并不能发财致富，那么保留一点清高的气度，也不失为一种精神安慰，至少能减轻一点心理失衡。就是对发财致富乃至既富且贵的人来说，倘若能够讲一点清，讲一点高，对人对己也是没有坏处的。也许，这就是许多人不愿彻底扬弃清高这个传统文化中的独特概念，并继续有意无意地维护其价值的原因。

人吃畜牲不属"不如禽兽"

——对《禽兽、畜牲，你好冤枉》结尾的异议

同样，人类吃畜牲，也是为维持生命，也是完全是有理的，不能归属于"禽兽不如"。而且所有的人几乎都吃过畜牲的肉，如果把这么多人与上文中"最少数最少数"的不如禽兽的恶人相提并论，既冤枉了广大无辜的大众，更是为恶人开脱了罪责。即使是偷捕偷猎稀有动物的人，也不应与那些禽兽不如的恶人等量齐观。如果把人吃畜牲，也归入"禽兽不如"，则结句"禽兽啊！畜牲啊！你岂不冤枉哉！"则成了不合事实耸人听闻的虚话了。

《新语文读本》高中卷3（钱理群、王尚文主编，广西教育出版社，2011年第15次印刷）中的《禽兽、畜牲，你好冤枉》，作者用这么一个为禽兽、畜牲鸣冤叫屈似的题目，不谙人类恶迹的年轻人看了，大概觉得滑稽，就像没有经历史无前例的"文革"浩劫的孩子们观看"文革"电影一样，觉得挺好笑挺好玩。而亲历过"文革"那类荒唐闹剧的人，则心绪如铅，痛心沉思，也不由得与作者一样，产生一种"难以言表的悲愤"。

《禽兽、畜牲，你好冤枉》，用了很多具体的人事，展现那"禽兽不如"的人的劣行劣性。作者写那种人，由单个到群体，由兽行到兽性兽心，再到残害同类而高于所有禽兽的"技术和技法"。他先写一个禽兽不如的父亲残酷虐待、摧残八岁的亲生女儿。接着写人类的战争。写战争，写"原始人为了自身的存在而去杀害别人"，"演进为从个体的拼杀转为集体的战争"，再写到封建时代的帝王，以及刘邦这类市井小人，"由于追逐个人的权力"，因而引发

战争，"教大量别人的死亡来换取自己最后夺得权力"，以至如希特勒般的战争的发动者自己抱着情妇深藏密室安然无恙，却叫"成千上万的无辜者纷纷赴死"；如"嗜杀成性""集强盗、流氓、恶棍于一身"的那个伊拉克总统般的"伪善的疯人"，他与邻国火并八年杀人无数，差点引发第三次世界大战，却还要装出他"爱兵如己的亲情"……更有最恶毒、最凶狠的让其他生物难望其项背的，是人类那种坏事做绝好话说尽的"技术和技法"："颠倒黑白、文过饰非、妒贤嫉能、背信弃义、媚上欺下、仗势欺人、贪赃枉法、假公济私、盗名欺世、吹牛拍马、诛锄异己、借刀杀人、伪君子、假道学、诬陷、暗杀、扫荡、镇压、阴谋、阳谋……"

上述的人事，所有的禽兽、畜牲，都是做不出来的。联系文章的开头，"人们历来把最恶劣、最可恨、最残忍、最野蛮、最阴险、最暴虐的人譬作野兽、畜牲"，那真要让人悲愤地感慨："禽兽、畜牲，你好冤枉！"我们也必然信服作者在倒数第二段中最后一句推出的结论："人类之外生物界的野兽、飞禽、鱼鳖、虫豸"等"畜牲"，若它们有自己的语言，能相互沟通的话，"它们公认的最恶劣、最可恨、最野蛮、最阴险、最暴虐、最不齿于它们同类的一个名词是：'人'！"

作者由小到大，由浅入深，由表及里，层层递进，揭示人类中的人行、人性、人心等的卑劣丑恶，读者读着产生悲愤情绪的同时，又会不由地为作者的文笔拍手叫好。人们常用"豹头、熊腰、虎尾"来比喻美文佳作的开头、中间和结尾，《禽兽、畜牲，你好冤枉》的开头和中间部分，真可谓是豹头熊腰。遗憾的是最后的一段，与前文不相匹配，似乎令人有虎头蛇尾之感。

结尾一段，共四句话，第一句"'人之异于禽兽者几希'，这是前辈古人的感慨之言；其实决非'几希'，而应是'大矣哉'"，似是辩驳古人，拉远了话题，并没加强禽兽不如的语意。第二句"世上的坏事都是人干的，什么样的坏事人都干得出来；却把做坏事的人詈之为'禽兽'、为'畜牲'，偏偏畜牲又都是被人吃掉的"，这句的前半句只是重复上文的话，而后半句"与第三句"不能想象，没有畜牲，没有天上飞的，地上跑的，水底游的那些禽、鱼、牲畜、营养美味，人活得了吗？"，似乎在说吃畜牲的人比畜牲更恶更无耻，这与第四段的意思相抵牾，有伤文意。在第四段中，作者说：野兽"它们都是弱肉强食这一普遍现象的具体体现者；经常会捕杀比自己弱小的动物，甚至吞噬同类；但是它们这样做完全是有理的，就是为了充饥，只有这样才可以维持生命。"同样，人类吃畜牲，也是为维持生命，也是完全是有理的，不能归属于"禽兽不如"。而且所有的人几乎都吃过畜牲的肉，如果把这么多人与上文中"最少数最少数"的不如禽兽的恶人相提并论，既冤枉了广大无辜的大众，更是为恶人开脱了罪责。即使是偷捕偷猎稀有动物的人，也不应与那些禽兽不如的恶人等量齐观。如果把人吃畜牲，也归入"禽兽不如"，则结句"禽兽啊！畜牲啊！你岂不冤枉哉！"则成了不合事实耸人听闻的虚话了。

（2013 年 8 月）

附：《"禽兽、畜牲，你好冤枉！"》

吴祖光

人们历来把最恶劣、最可恨、最残忍、最野蛮、最阴险、最暴虐的人譬作野兽、畜牲。

信手拈来，便有这样的一些譬喻：狼心狗肺、狼子野心、如狼似虎、毒蛇猛兽、蛇蝎心肠、狗彘不若（或曰：猪狗不如）、鼠辈、狗崽子、兔崽子、猴崽子……还有：人面兽心、衣冠禽兽、兽性发作……

这其间，除"猴崽子"有点近乎戏谑乃至于成为一种"昵称"外，其他则都是对那些可恶、可恨又可怕的人的常见的称谓。

野兽以及畜牲不具备人类的知识，它们都是弱肉强食这一普遍现象的具体体现者；经常会捕杀比自己弱小的动物，甚至吞噬同类；但是它们这样做完全是有理的，就是为了充饥，只有这样才可以维持生命。即使如此，比较高级的动物就不这么做，譬如说："虎毒不食子"，有些动物对自己生下来的幼仔哺育照看得十分温柔细致。这两天北京的报纸、电视报导，揭发一起青年父亲残酷虐待、摧残亲生的八岁女儿的事例闻之令人发指！世界上居然真有这样"不如禽兽"的父亲。

经过漫长时期的演变和进化，人类毕竟还是异于禽兽的。从茹毛饮血的原始人演化为现代的文明人，这几十万年的进化历程确乎是可歌可泣、值得珍惜。人为万物之灵，凭着人的智慧，本应当把全人类引进比现今远远更为幸福和平的领域；但是二十世纪的文明世界依然充满了血泪和不幸，那就是这个世界上还有压迫，还有战争。

原始人曾经有过相当长远和野兽相类似的生活，为了自身的存在而去杀害别人。到演进为形成族类和集体之后，在争生存中产生矛盾冲突时，从个体的冲突演变为集体的或族类的冲突，从个体的拼杀转为集体的战争，想来这就是战争的起源。在人类的历史中，战争从来没有间断过，而且规模越来越大，杀人盈野，尸积如山，血流成河。人人知道战争是不祥之物，战争制造出无穷无尽的人间悲剧，而至今不能消灭战争。

人类的历史实际就是一部战争的历史，而战争却经常都是少数几个人引起的。封建时代，由于追逐个人的权力，因而引发战争，造成无辜者家破人亡，平添无数的寡妇孤儿。中国第一部纪传体史书《史记》中记载"楚汉相争"中霸王项羽的一段话最能说明战争实质："……楚汉相持未决，丁壮苦军旅，老弱罢转漕。项王谓汉王曰：'天下匈匈数岁者，徒以吾两人耳。愿与汉王挑战决雌雄，毋徒苦天下之民父子为也。'汉王笑谢曰：'吾宁斗智，不能斗力。'"

语见《项羽本纪》，充分说明战争的起因只是由于个人的争权而已。两人之中，叱咤风云的楚霸王项羽却多少具有点仁人之心，在连年苦战中，他居然想到人民，想到"毋徒苦天下之民父子为也。"而出身市井的刘邦恰恰相反，他的"斗智不斗力"，乃是教大量别人的死亡来换取自己最后夺得权力。但这毕竟还能说明：古代的战争，为首的将军有时还得自己冒着生命的危险，用真刀真枪，豁出性命来换取胜利。现在的战争就不同了，挑起战争的罪魁祸首驱使千千万万的士兵开赴战场，以血肉之躯去抵挡枪炮，以至毒气、细菌、化学武器……成千上万的无辜者纷纷赴死，但战争的发动者却深藏密室安然无恙，甚至连枪炮之声也听不到。

过去不久的第二次世界大战的罪魁祸首希特勒作恶万端，最后不是躲藏在密封的坚固地下室里抱着情妇走向末日的吗？这些徇私的、卑怯的、下流无耻的家伙是连丝毫的霸王式的男儿气质也没有的。

更加令人伤心的是当今世界上还有大批的学者、高级科学家终年累月每日竭心尽力地钻研、发明新的杀人武器。核武器的问世，可以使几个地球也不够它去毁灭的，使用时不免必须有所克制；因此对于可以使用的常规武器就更需要精益求精，加强它的杀伤能力。除此之外，细菌武器、化学武器，以及其他的新式武器就要更多地发明和制造出来。

原始时期，人类的智慧比野兽强不了多少，用杀伤式的恶斗作解决矛盾的手段是合乎情理的。但是几千年过去了，身为万物之灵的人类仍旧以战争杀人为解决问题的手段，就实在太可耻、太野蛮，也太可悲了。尤其是居然还有这样的职业：一批优秀的高级科学家竟不去发明创造降福于人类的事物而去研究制作毁伤人类乃至毁灭世间万物的武器，这不是太不可思议了吗？

写到这里，接待了一位远方来客，来自巴西的洪先生送给我一样从未见过的礼物：一个长不足一尺的鱼标本。这条鱼可不是一般的鱼，它的名字叫作"食人鱼"，身体不大，短、宽，突出的部分是张开着的嘴，上颚缩入，下颚突出，露出各为十四颗的尖锐的牙齿。来客告诉我，食人鱼成群结队，只要碰见落到水里的生物立即蜂拥而上，顷刻间把来者吞吃干净。不久以前，一辆载满乘客的公共汽车不慎跌落水里，人们赶去抢救，不到十几分钟，全部乘客，连同司机，被食人鱼吃得精光，只剩下数十副骸骨。

人生于世，毕竟还是有一些灾难的，但是尽管食人鱼十分凶恶，不还是被人轻易地捕捉起来制成标本供人观赏了吗？无论如何，多么凶恶的野兽凶禽都很轻易地被人征服了。如今禽兽生存的天地已经越来越缩小，即使凶狠如食人鱼，它们亦只能在有限的水里逞凶，只要人不掉到鱼群里，鱼是决不会上来食人的。由于人本身就是肉食类，一天不知要吃掉多少"禽兽、畜牲"；现在已经迫使人发布号令，号召人们不要盲目伤害珍禽异兽，连兽中之王的猛虎、狮子、大象等等都快被人杀光吃光，不得不要求大家保护它们了。

正是由于人类的嗜杀成性，才使世上的珍禽异兽发生了濒临灭种的恐慌。但人类本身却是似乎杀不完的，继希特勒、墨索里尼、东条英机之类的杀人魔王之后，大大小小的杀戮从来没有间断过，侵犯邻国的，镇压本国的，奴役弱小民族的……这一类无故杀人占地者甚至愈演愈烈，譬如那个伊拉克总统和邻国火并八年杀人无数之后，竟然一夕之间霸占了一个国家。并立即将别人的黄金财宝搜劫一空，而且不惜与世界联军一战。真是集强盗、流氓、恶棍、土匪于一身，使任何一个前代的魔王都将瞠乎其后。最精彩的表演是他在新年期间跑到前线去慰劳军队，并亲自下到厨房，亲手给士兵做了一顿午饭表示他爱兵如己的亲情……但这种拙劣的表演，能博得这些可怜的士兵甘心为他卖命吗？因为谁也知道，这个伪善的疯人如果真的引发了第三次世界大战，将整个地球毁掉也不是不可能的。

唐代诗人常建在一次边塞战争结束、实现和平之后，满怀喜悦地写了一首诗。其中的两句是：

天涯静处无征战。

兵气销为日月光。

没有战争的世界是何等令人向往，何等幸福的世界啊！假如这个世界消灭了战争，于是也销毁了战争的工具：武器。把世界上每个国家天文数字的国防经费用在人民的和平、福利、文化、生活的事业上，那将是一个什么样的幸福社会！眼前的一个现状很能说明问题：当前世界最为富裕的两个经济大国是西欧的德国和亚洲的日本，它们的财力已经超过了一向称霸世界的金元王国的美国。而这两个国家却都是第二次世界大战作为罪魁祸首的战败国。当年战后一败涂地，不得不俯首投降，但是不到四十年的休养生息而成为最大的经济强国，主要的原因不就是这两个战败国被解除了武装，被剥夺了一般主权国家建设自己国防的权力，才得以全力进行本国的经济建设的吗？这不是也说明了那些一味在国防上大量投入财力梦想称霸世界，建立威慑力量因而民穷财尽的国家的悲惨后果。

不管打的是什么旗号，穷兵黩武的结果必然是自取灭亡。我们可以看看今天的好战疯人这个伊拉克总统的下场。

世界上最恶毒、最凶狠的还是人。生物的种类纵使有千千万万，还不是都被人征服了！上面提到的还只不过是关于争生存、进而夺取权力的争斗，其实从利己的目的出发，人的本领和招数之大之多岂是其他生物可得望其项背。

粗粗说来，譬如下列这些手法：颠倒黑白、文过饰非、妒贤嫉能、背信弃义、媚上欺下、仗势欺人、贪赃枉法、假公济私、盗名欺世、吹牛拍马、诛锄异己、借刀杀人、伪君子、假道学、诬陷、暗杀、扫荡、镇压、阴谋、阳谋……所有这一切权术和技法全是所谓文明人者所优为之，而人类以外的走兽飞禽、鱼鳖虫豸却都是一片天真，半点这样的本领也没有。

然而话说回来，人类世界上，善良的人毕竟还是绝大多数，那些歪门邪道、不怀好意、成天算计人、作弄人，总想着压迫人、统治人、站在千万人头上的人总是极少数。在绝大多数人还在听人摆布，没有想出个方法来摆脱压迫和逃出困境的时候，这些恶人总是最少数最少数。这是人还能活下去，世界最后总还会走向幸福和光明的原因所在。善良的人最后终将主宰世界，这是毋庸置疑的，这是人类的希望。

人类之外生物界的野兽、飞禽、鱼鳖、虫豸……总称之谓"畜牲"吧，它们应当有自己的语言，也应当有自己的文字。可惜我们人类的智慧至今还不懂它们的语言和文字。假如和它们可以沟通这方面的认识的话，我相信，它们公认的最恶劣、最可恨、最野蛮、最阴险、最暴虐、最不齿于它们同类的一个名词是："人"。

"人之异于禽兽者几希"，这是前辈古人的感慨之言；其实决非"几希"，而应是"大矣哉"。世上的坏事都是人干的，什么样的坏事人都干得出来；却把做坏事的人詈之为"禽兽"、为"畜牲"，偏偏畜牲又都是被人吃掉的。不能想象，没有畜牲，没有天上飞的，地上跑的，水底游的那些禽、鱼、牲畜、营养美味，人活得了吗？禽兽啊！畜牲啊！你岂不冤枉哉！

1991 年 2 月 15 日

《我们对于一棵古松的三种态度》指瑕

在当今，人类灿烂的星空，更不是"全赖思想家和艺术家所散布的几点星光"。要是科学家不去发展科学，要是没有爱好和平者去制止战争，要是没有环境保护者保护地球，人类可能连未来也没有了。如果没有了未来，我们的思想家和艺术家，即使"也努力散布几点星光"，却无"漆黑的未来"可照耀了。

美学，在一般人心目中，它是个抽象、高深的概念，很难用语言说清。而《新语文读本》卷3（钱理群、王尚文主编，广西教育出版社，2011年第15次印刷）中朱光潜先生的《我们对于一棵古松的三种态度》，仅用人们对一棵古松的三种态度就轻轻松松地把美、美感与实用、科学的区别清清楚楚地表述出来了。作者显得极其亲切随和，娓娓而谈，谈得浅显明白，通俗易懂，引人入胜，文章显得很美，很漂亮，令人读着，赏心悦目。也许正由于它美丽漂亮，就像一块美玉，一张靓脸，即使仅有一点淡瑕，一个小疵，也让人有美中不足之感。《我们对于一棵古松的三种态度》其中有两段，也还有这样美中不足的瑕疵。

文中在谈到三种态度的区别时说："小孩子初出世，第一次遇见火就伸手去捉，他烧痛了，以后他再遇见火，便认识它是什么东西，便明了它是烧痛手指的，火对于他于是有意义。事物本来都是很混乱的，人为便利实用起见，才像被火烧过的小孩子根据经验把四围事物分类、立名，说天天吃的东西叫作

'饭'，天天穿的东西叫作'衣'，某种人是朋友，某种人是敌人，于是才有所谓'意义'。意义大半都起于实用。在许多人看，衣除了是穿的，饭除了是吃的、女人除了是生小孩的一类意义之外，便寻不出其他意义。"

这段话中说小孩被火烧了以后，"火对于他于是有意义"，似乎在说，被烧之前火对小孩就没意义。这就让人难理解，例如，被烧前，暗夜，火给小孩照明；冷天，火给小孩供暖，这不是火对小孩有实用的价值，有实用的意义？小孩伸手去捉火，必定是他觉得火很美丽很好玩，这火不也是对小孩有美感的意义？这段话中还说，人根据自身经验给四围事物分类命名后，事物"于是才有所谓'意义'"。这似乎说事物没被命名前就没有"意义"，这不与"意义大半都起于实用"相矛盾？人们常说的是事物有实用价值就有意义，不是说事物被命了名、有了概念才有意义。另外，"在许多人看，衣除了是穿的，饭除了是吃的、女人除了是生小孩的一类意义之外，便寻不出其他意义"，这句话的说法有些不妥。在许多人眼中，衣除了穿，饭除了吃，便寻不出其他意义，是事实，说女人除生小孩，在许多人眼中，再寻不出其他意义，这话是对女人不尊重，对男人也有所贬损，恐怕许多女人和男人都难以接受，就算是一种风趣幽默，也风趣幽默得有些过分了。

文章最后的一段："许多轰轰烈烈的英雄和美人都过去了，许多轰轰烈烈的成功和失败都过去了，只有艺术作品真正是不朽的。数千年前的'采采卷耳'和'孔雀东南飞'的作者还能在我们心里点燃很强烈的火焰……秦始皇并吞六国，统一车书，曹孟德带八十万人马下江东，舳舻千里，旌旗蔽空，这些惊心动魂的成败对你有什么意义？对于我有什么意义？但是长城和短歌行……永远对于人是亲切的。由此例推，在几千年或是几万年以后看现在纷纷扰扰的'帝国主义'、'反帝国主义'、'主席'、'代表'、'电影明星'之类对于人有什么意义？……悠悠的过去只是一片漆黑的天空，我们所以还能认识出来这漆黑的天空者，全赖思想家和艺术家所散布的几点星光。朋友，让我们珍贵这几点星光！让我们也努力散布几点星光去照耀那和过去一般漆黑的未来！"

读这段话，似乎觉得作者有些唯美主义和虚无主义的味道，似乎从历史的角度看，除了思想家和艺术家能给人类留点星光外，其余人的一切作为都似无亮光，无意义。但是，要是没有秦始皇统一六国，就没有中国的统一；要是没有秦朝统一文字，就没有中华民族统一的汉语，这是中华儿女的共识，秦始皇这统一的意义，还比不上"采采卷耳"和"孔雀东南飞"吗？尧舜禹不会比《短歌行》传颂得更长更久吗？至于"主席""代表"之类，如果他们能像尧舜禹一样，真正地做人民的公仆，真正全心全意地为人民服务，对人、对人类历史必定有不可也不会泯灭的长久意义。只有那些昏君暴君、贪官污吏，只有那些把人民当作他们争权夺利的工具、当作他们某种理念思想实验的小白鼠的"代表"之类，对于人民才没有什么积极意义，但在历史上却还有反面意义。

在当今，人类灿烂的星空，更不是"全赖思想家和艺术家所散布的几点星光"。要是科学家不去发展科学，要是没有和平爱好者去制止战争，要是没有环境保护者保护地球，人类可能连未来也没有了。如果没有了未来，我们的思想家和艺术家，即使"也努力散布几点星光"，却无"漆黑的未来"可照耀了。

（2013 年 8 月）

附:《我们对于一棵古松的三种态度——实用的、科学的、美感的》
朱光潜

谁都知道，一切事物都有几种看法。你说一件事物是美的或是丑的，这也是只是一种看法。换一个看法，你说它是真的或是假的；再换一种看法，你说它是善的或是恶的。同是一件事物，看法有多种，所看出来的现象也就有多种。

比如园里那一棵古松，无论是你、是我或是任何人一看到它，都说它是古松。但是你从正面看，我从侧面看，你以幼年的心境去看，我以中年人的心境去看，这些情境和性格的差异都能影响到所看到古松的面目。古松虽只是一件事物，你所看到和我所看到的古松却是两件事。假如你和我各把所得的古松的印象画成一幅画或是写成一首诗，我们俩艺术手腕尽管不分上下，你的诗和画与我的诗和画比较，却有许多重要的异点。这是什么缘故呢？这就由于知觉不完全是客观的，各人所见到的物的形象都带有几分主观的色彩。

假如你是一位木商，我是一位植物学家，另外一位朋友是画家，三人同时来看这一棵古松，我们三人可以同时都"知觉"到这一棵树，可是三人所"知觉"到的却是三种不同的东西，你脱离不了你的木商的心习，你所知觉到的祇是一棵做某事用值几多钱的木料。我也脱离不了我的植物学家的心习，我所知觉到的只是一棵叶为针状、果为球状、四季常青的显花植物、劲拔的古树。我们的朋友、画家，什么事都不管，只管审美，他所知觉到的只是一棵苍翠、劲拔的古树。我们三人的反应态度也不一致。你心里盘算它是宜于架屋或是制器，思量怎样去买它，砍它，运它。我把它归到某类某科里去，注意它和其他松树的异点，思量它何以活得这样老。我们的朋友却不这样东想西想，他只在聚精会神的观赏它的苍翠颜色，它的盘屈如龙蛇的线纹以及它的那股昂然高举、不受屈挠的气概。

从此可知道这棵古松并不是一件固定的东西，它的形象随观者的性格和情趣而变化各人所见到的古松的形象都是各人自己性格和情趣的返照。古松的形象一半是天生的，一半也是人为的。极平常的知觉都带有几分创造性；极客观的东西之中都有几分主观的成分。

美也是如此。有审美的眼睛才能见到美，这棵古松对于我们的画画的朋友是美的，因为他去看时就抱了美感的态度。你和我如果也想见到它的美，你须得把你那种木商的实用的态度丢开，我须得把植物学家的科学的态度丢开，专持美感的态度去看它。

这三种态度有什么分别呢？

先说实用的态度。做人的第一件大事就是维持生活，既要生活，就要讲究如何利用环境。"环境"包含我自己以外的一切人和物在内，这些人和物有些对于我的生活有益，有些对于我的生活有害，有些对于我不关痛痒。我们对于他们于是有爱恶的情感，有趋就或逃避的意志和活动。这就是实用的态度。实用的态度起于实用的知觉，实用的知觉起于经验。小孩子初出世，第一次遇见火就伸手去捉，他烧痛了，以后他再遇见火，便认识它是什么东西，便明了它是烧痛手指的，火对于他于是有意义。事物本来都是很混乱的，人为便利实用起见，才像被火烧过的小孩子根据经验把四围事物分类、立名，说天天吃的东西叫做"饭"，天天穿的东西叫做"衣"，某种人是朋友，某种人是敌人，于是才有所谓"意义"。意义大半都起于实用。在许多人看，衣除了是穿的，饭除了是吃的、女人除了是生小孩的一类意义之外，便寻不出其他意义。所谓"知觉"，就是感官接触某种人或物时心里明了他的意义。明了他的起初都只是明了他的实用。明了实用之后，才可以对他起反应动作，或是爱他，或是恶他，或是求他，或是拒他。木商看古松的态度便是如此。

科学的态度则不然，它纯粹是客观的、理论的。所谓客观的态度就是把自己的成见和情感完全丢开，专以"无所为而为"的精神去探求真理。理论是和实用相对的。理论本来可以见诸实用，但是科学家的直接目的却不在于实用。科学家见到一个美人，不说"我要去向她求婚，她可以替我生儿子。"他只说："我看她这人很有趣味，我要来研究她的生理构造，分析她的心理组织。"科学家见一堆粪，不说"它的气味坏，我要掩鼻走开。"他祗说："这堆粪是一个病人排泄的，我要分析他的化学成分，看看没有病菌在里面。"科学家自然也有见到美人就求婚，见到粪就掩鼻走开的时候，但是那时候他已经由科学家还到实际人的地位了。科学家的态度之中很少有情感和意志，它的最重要的心理活动是抽象的思考。科学家要在这个混乱的世界中寻出事物的关系和条理，纳个物于概念，从原理演个例，分出某者为因，某者为果，某者为特征，某者为偶然性。植物学家看古松的态度便是如此。

木商由古松而想到架屋、制器、赚钱等等，植物学家由古松而想到根、茎、花、叶、日光、水分，他们的意识都不能停止在古松本身上面。不过把古松当作一块踏脚石，由它跳到和它有关系的种种事物上面去。所以在实用的态度中和科学的态度中，所得到的事物的意象都不是独立的、绝缘，便是美感的态度的最大特点。比如我们的画画的朋友看古松，他们全副精神都注在松的本身上面，古松对于他便成了一个独立自足的世界。他忘记他的妻子在家里等柴烧饭，他忘记松树在植物教科书叫做显花植物，总而言之，古松完全占领住他的意识，古松以外的世界他都视而不见，听而不闻了。他只把古松摆在心眼面前当作一幅画去玩味。他不计较实用，所以心中没有意志和欲念；他不推求关系、条理、因果等等，所以不用抽象的思考。这种脱净了意志和抽象思考的心理活动叫做"直觉"，直觉所见到的孤立、绝缘的意象叫做"形象"。美观经验就是形象的直觉，美就是事物呈形象于直觉时特质。

实用的态度以善为最高目的，科学的态度以真为最高目的，美感的态度以美为最高目的。在实用的态度中，我们的注意力偏在事物对人的利害，心理活动偏重意志；在科学的态度中，我们的注意力偏在事物间互相关系，心理活动偏重抽象的思考；在美感的态度中，我们的注意力专在事物本身的形象，心理活动偏重直觉。真、善、美都是人所定的价值，不是事物所本有的特质。离开人的观点而言，事物都浑然无别，善恶、真伪、美丑就漫无意义。真、善、美都含有若干主观的成分。

就"用"字的狭义说，美是最没有用处的。科学家的目的虽只在辨别真伪，他所得的结果却可效用于人类社会。美的事物如诗文、图画、雕刻、音乐等等都是寒不可以衣，饥不可以为食的。从实用的观点看，许多艺术家都是太不切实用的人物。然则我们又何必来讲美呢？人性本来是多方的，需要也多方的。真、善、美三者俱备才可以算是完全的人。人性中本有饮食欲，渴而无所饮，饥而无所食，固然是一种缺乏；人性中本有求知欲而科学的活动，本有美的尝好而没有美感的活动，也未始不是一种缺乏。真和美的需要也是人生中的一种饥渴，精神上的饥渴。疾病、衰老的身体才没有口腹的饥渴。同理，你遇到一个没有精神上的饥渴的人或民族，你可断定他的心灵已到了疾病、衰老状态。

人所以异于其他动物的就是于饮食、男女之外还有更高尚的企求，美就是其中之一。是壶就可以贮茶，何必又求它形式、花样、颜色都要好看呢？吃饱了饭就可以睡觉，何必呕心去作诗、画画、奏乐呢？"生命"是与"活动"同义的，活动愈自由，生命也就愈有意义。人的实用的活动全是有所为而为，是受环境需要限制的；人的美感活动全是无所为而为，是环境不需要他活动而他自己愿意去活动的。在有所为而为的活动中，人是环境需要的奴隶；在无所为而为的活动中，人是自己心灵的主宰。这是单就人说，就物说呢？在实用的和科学的世界中，事物都借着和其他事物发生关系而得到意义，到了孤立、绝缘时却都没有意义；但是在美感世界中它却能孤立、绝缘，却能在本身出价值。照这样看，我们可以说，美是事物的最有价值的一面，美感的经验是人生最有价值的一面。

许多轰轰烈烈的英雄和美人都过去了，许多轰轰烈烈的成功和失败都过去了，有艺术作品真正是不朽的。数千年前的"采采卷耳"和"孔雀东南飞"的作者还能在我们心里点燃很强烈的火焰，虽然在当时他们不过是大皇帝脚下不知名的小百姓。秦始皇并吞六国，统一车书，曹孟德带八十万人马下江东，舳舻千里，旌旗蔽空，这些惊心动魄的成败对你有什么意义？对于我有什么意义？但是长城和短歌行对于我们还是很亲切的，还可以使我们心神领会这些骸骨不存的精神气魄。这几段墙在，这几句诗在，它们永远对于人是亲切的。由此例推，在几千年或是几万年以后看现在纷纷扰扰的"帝国主义"、"反帝国主义"、"主席"、"代表"、"电影明星"之类对于人有什么意义？我们这个时代有类似长城和短歌行的纪念坊留给后人，让他们觉得我们也还是很亲切的么？悠悠的过去只是一片漆黑的天空，我们所以还能认识出来这漆黑的天空者，全赖思想家和艺术家所散布的几点星光。朋友，让我们珍贵这几点星光！让我们也努力散布几点星光去照耀那和过去一般漆黑的未来！

《天鹅》思路不清

这样重复的，与前述内容互不搭界或相互矛盾的话，都说明作者写这篇散文时思路不够清晰。若思路清楚，这些弊病是容易消除的，更不会使《天鹅》出现那样令人莫名其妙的开头。

北京市高中课程改革实验版《语文》（第四册，必修，北京出版社，2010 年第 4 次印刷）中的课文《天鹅》，这篇仅以一种动物命题的散文，首句却以包举宇内、囊括古今的气势说："在任何社会里，不管是禽兽的或人类的社会，从前都是暴力造成霸主，现在却是仁德造成贤君。"这话让人有些摸不着头脑：写天鹅的文章，天鹅与霸主和贤君有什么关系？禽兽的或人类的社会怎么"从前都是暴力造成霸主，现在却是仁德造成贤君"？这话是说从前的霸主都是暴力造出的，现在的贤君都是仁德产生的？还是说"禽兽的或人类的社会"的首领，从前都是霸主，现在都是贤君？只要对禽兽世界和人类历史有一点了解，就知道这都不符合事实。就以动物为例，它们的首领既不是从前的都是霸主，现在的都是贤君，也不是从前是靠暴力，现在却是凭仁德取得首领地位。而紧接的第二句"地上的狮、虎，空中的鹰、鹫，都只以善战称雄，以逞强行凶统治群众；而天鹅就不是这样，它在水上为王是凭着一切足以缔造太平世界的美德，如高尚、尊严、仁厚等等"，不就把"从前""现在"给禽兽社会的"霸主""贤君"划的时间界限破除了吗？自古至今鹰鹫这些"以逞强行凶统治群众"的霸主，与以"高尚、尊严、仁厚等等"为王的天鹅，不就是同世同时同生同存的吗？可见《天鹅》开头的话意让人莫名其妙，它与后面的内容也毫无关联。

读完《天鹅》全文后，觉得作者写这篇散文时，思路并没有很好理清，因为文中还有好些这样表意不清，前言不搭后语，或前后矛盾，或语意重复等弊病。例如上引的话中说天鹅因其高尚、尊严、仁厚等等得以为王，下文不仅没有具体表述天鹅有什么高尚、尊严、仁厚等的表现，而且在第四段中却曝出"人人喜爱它，人人欢迎它，人人欣赏它"的根本原因，是天鹅"面目优雅，形状妍美，与它那种温和的天性正好相称"，是"大自然对于任何禽类都没有赋予这样多的高贵而柔和的优美"。这不无异在说，天鹅之所以能为王，并非是靠什么高尚、尊严、仁厚的"美德"，而是靠它温和的天性和大自然赋予了它比其他任何禽类多的高贵而柔和的优美，与它本身的品行并无关系。

又例如，在文章倒数的1至2段中，一面说，古人说天鹅是一个"神奇的歌手"，"在一切临终时有感触的生物中，只有天鹅会在弥留时歌唱"，它用"和谐的、柔和的、动人的"声音"如怨如诉，低沉地、悲伤地、凄黯地""对生命作一个哀痛而深情的告别"；还说"我们觉得野天鹅曾较好地保持着它的天赋美质，它有充分自由的感觉，同时也就有充分自由的音调"。可是，另一面又说，天鹅有种"尖锐的、少变换的音调远抵不上我们的鸣禽的那种温柔的和声与悠扬朗润的变化"，这不仅把天鹅的歌声贬低成比不上其他禽鸟的鸣叫声，还把天鹅排除在"我们的鸣禽"之外了。

至于前后语意重复之处，就更多了。例如，有关天鹅的"自由"，第三段开头说了"我们看见它那种雍容自在的样子；看见它在水上活动得那么轻便、那么自由"，第四段中又说"我们从远处看天鹅成群地在浩瀚的烟波中，和有翅的船队一般，自由自在地游着"；第五段开头仍在说天鹅"又有自由的美德"，第六段还在说"它有充分自由的感觉，同时也有充分自由的音调"。这样重复的，与前述内容互不搭界或相互矛盾的话，都说明作者写这篇散文时思路不够清晰。若思路清楚，这些弊病是容易被消除的，更不会使《天鹅》出现那样令人莫名其妙的开头。

（2013年7月）

附：《天鹅》

（法）布封

在任何社会里，不管是禽兽的或人类的社会，从前都是暴力造成霸主，现在却是仁德造成贤君。地上的狮、虎，空中的鹰、鹫，都只以善战称雄，以逞强行凶统治群众；而天鹅就不是这样，它在水上为王是凭着一切足以缔造太平世界的美德，如高尚、尊严、仁厚等等。它有威势，有力量，有勇气，但又有不滥用权威的意志、非自卫不用武力的决心；它能战斗，能取胜，却从不攻击别人。它是水禽界里爱好和平的君主，它敢于与空中的霸主对抗；它等待着鹰来袭击，不招惹它，却也不惧怕它。它的强劲的翅膀就是它的盾牌，它以羽毛的坚韧、翅膀的频繁扑击对付着鹰的嘴爪，打退鹰的进攻。它奋力的结果常常是获得胜利。而且，它也只有这一个骄傲的敌人，其他善战的禽类没一个不尊敬它，它与整个自然界都是和平共处的：在那些种类繁多的水禽中，它与其说是以君主的身份监临着，毋宁说是以朋友的身份照看着，而那些水禽仿佛个个都俯首贴耳地归顺它。它只是一个太平共和国的领袖，是一个太平共和国的首席居民，它赋予别人多少，也就只向别人要求多少，它所希冀的只是宁静与自由。对这样的一个元首，全国公民自然是无可畏惧的了。

天鹅的面目优雅，形状妍美，与它那种温和的天性正好相称。它叫谁看了都顺眼。凡是它所到之处，它都成了这地方的点缀品，使这地方美化；人人喜爱它，人人欢迎它，人人欣赏它。任何禽类都不配这样地受人钟爱。原来大自然对于任何禽类都没有赋予这样多的高贵而柔和的优美，使我们意识到大自然创造物类竟能达到这样妍丽的程度。俊秀的身段，圆润的形貌，优美的线条，皎洁的白色，婉转的、传神的动作，忽而兴致勃发，忽而悠然忘形的姿态，总之，天鹅身上的一切都散布着我们欣赏优雅与妍美时所感到的那种舒畅、那种陶醉，一切都使人觉得它不同凡俗，一切都描绘出它是爱情之鸟；古代神话把这个媚人的鸟说成为天下第一美女的父亲，一切都证明这个富有才情与风趣的神话是很有根据的。

我们看见它那种雍容自在的样子；看见它在水上活动得那么轻便、那么自由，就不能不承认它不但是羽族里第一名善航者，并且是大自然提供给我们的航行术的最美的模型。可不是么，它的颈子高高的，胸脯挺挺的、圆圆的，就仿佛是破浪前进的船头；它的宽广的腹部就像船底；它的身子为了便于疾驶，向前倾着，愈向后就愈挺起，最后翘得高高的就像船艄；尾巴是地道的舵；脚就是宽阔的桨；它的一对大翅膀在风前半张着，微微地鼓起来，这就是帆，它们推着这艘活的船舶，连船带驾驶者一起推着跑。

天鹅知道自己高贵，所以很自豪，知道自己很美丽，所以很自好。它仿佛故意摆出它的全部优点；它那样儿就像是要博得人家的赞美，引起人家的注目。而事实上它也真是令人百看不厌的，不管是我们从远处看天鹅成群地在浩瀚的烟波中，和有翅的船队一般，自由自在地游着；或者是天鹅应着召唤的信号，独自离开船队，游近岸旁，以种种柔和、婉转、妍媚的动作，显示它的美色，施出它的娇态，供人们仔细欣赏。

天鹅既有天生的美质，又有自由的美德；它不在我们所能强制或幽禁的那些奴隶之列。它无拘无束地生活在我们的池沼里，如果它不能享受到足够的独立，使它毫无奴役俘囚之感，它就不会逗留在那里，不会在那里安顿下去。它要任意地在水上遍处遨游，或到岸旁着陆，或离岸游到水中央，或者沿着水边，来到岸脚下栖息，藏到灯芯草丛中，钻到最偏僻的湾汊里，然后又离开它的幽居，回到有人的地方，享受着与人相处的乐趣——它似乎是很喜欢接近人的，只要它在我们这方面发现的是它的居所和朋友，而不是它的主子和暴君。

天鹅在一切方面都高于家鹅一等，家鹅只以野草和籽粒为生，天鹅却会找到一种比较精美的、不平凡的食料；它不断地用妙计捕捉鱼类；它作出无数的不同姿态以求捕捉的成功，并尽量利用它的灵巧与气力。它会避开或抵抗它的敌人：一只老天鹅在水里，连一匹最强大的狗它也不怕；它用翅膀一击，连人腿都能打断，其迅疾、猛烈可想而知。总之，天鹅似乎是不怕任何暗算、任何攻击的，因为它的勇敢程度不亚于它的灵巧与气力。

驯天鹅的惯常叫声与其说是响亮的，毋宁说是浑浊的；那是一种嗄嘶声，十分像俗语所谓的"猫咒天"，古罗马人用一个谐音字"独楞散"表示出来。

听着那种音调，就觉得它仿佛是在恫吓，或是在愤怒；古人之能描写出那些和鸣铿锵的天鹅，使它们那么受人赞美，显然不是拿一些像我们驯养的这种几乎喑哑的天鹅做蓝本的。我们觉得野天鹅曾较好地保持着它的天赋美质，它有充分自由的感觉，同时也就有充分自由的音调。可不是么，我们在它的鸣叫里，或者宁可说在它的嘹唳里，可以听得出一种有节奏有曲折的歌声，有如军号的响亮，不过这种尖锐的、少变换的音调远抵不上我们的鸣禽的那种温柔的和声与悠扬朗润的变化罢了。

此外，古人不仅把天鹅说成为一个神奇的歌手，他们还认为，在一切临终时有所感触的生物中，只有天鹅会在弥留时歌唱，用和谐的声音作为它最后叹息的前奏。据他们说，天鹅发出这样柔和、这样动人的声调，是在它将要断气的时候，它是要对生命作一个哀痛而深情的告别；这种声调，如怨如诉，低沉地、悲伤地、凄黯地构成它自己的丧歌。他们又说，人们可以听到这种歌声，是在朝暾初上，风浪既平的时候；甚至于有人还看到许多天鹅唱着自己的挽歌，在音乐声中气绝了。在自然史上没有一个杜撰的故事，在古代社会里没有一则寓言比这个传说更被人赞美、更被人重述、更被人相信的了；它控制了古希腊人的活泼而敏感的想象力：诗人也好，演说家也好，乃至哲学家，都接受着这个传说，认为这事实在太美了，根本不愿意怀疑它。我们应该原谅他们杜撰这种寓言；这些寓言真是可爱，也真是动人，其价值远在那些可悲的、枯燥的史实之上；对于敏感的心灵来说，这都是些慰藉的比喻。无疑地，天鹅并不歌唱自己的死亡；但是，每逢谈到一个大天才临终前所作的最后一次飞扬、最后一次辉煌表现的时候，人们总是无限感慨地想到这样一句动人的成语："这是天鹅之歌！"

前后脱节 文无中心
——评《那遥远的磨坊》

作者写《那遥远的磨坊》，是针对强拆民房、侵犯民权等违法行为，有感而发。其借他山之石来攻玉之用心可敬可赞。遗憾的是作者后面几乎抛开了借他山之石来攻玉这种良苦用心，既不谈"石"之功用和价值，也不谈"攻玉"的必要和意义，几乎没有涉及法治和中国司法中存在的弊病和不足，尤其是倒数第2至6段，竟全是作者自我反思性的话语。那些反思与法制和法治的内容并无关联

《新语文读本》高中卷4（钱理群、王尚文主编，广西教育出版社，2011年第11次印刷）中邵燕祥的《那遥远的磨坊》讲的是十九世纪时，威廉一世继承十八世纪腓特烈大帝建无忧宫后，发现前面有个磨坊碍他的眼，就传话给磨坊主人，打算花钱买下来；不料那磨坊主不干，惹恼了国王，强行拆除。而那磨坊主竟把威廉一世告上法庭，法庭则依法判决威廉一世把那磨坊重建起来，并赔偿磨坊主的损失，普鲁士国王威廉一世竟服从法庭所判，且称赞法官的公正和胆识，说"此吾国最可喜之事也"。

作者写"那遥远的磨坊"，写这么一件"可喜之事"，是因为他"以往不断地听到看到，在中国大地上，'地产热'和'城市化热'当中，普通的城乡居民遭到强制拆迁，不但身外的产权得不到保障，甚至挨打挨轰，连起码的人身权利也横遭侵犯，且不少地方法院都不受理"。很显然，作者写《那遥远的磨坊》，是针对强拆民房、侵犯民权等违法行为，有感而发。其借他山之石

来攻玉之用心可敬可赞。紧接威廉一世与磨坊佳话后，作者设想的威廉一世把告状者抓起来、给法庭打个招呼、若法庭违旨就通通抓起来等几种姿态，更具有很强的针对性和很深刻的社会意义。

遗憾的是作者后面几乎抛开了借他山之石来攻玉这种良苦用心，既不谈"石"之功用和价值，也不谈"攻玉"的必要和意义，几乎没有涉及法治和中国司法中存在的弊病和不足，尤其是倒数第 2 至 6 段，竟全是作者自我反思性的话语。那些反思与法制和法治的内容并无关联。

那些反思，一是针对作者想到威廉一世后，不到一百年，希特勒执政，在希特勒恶魔的一生中，"再也找不出像威廉一世和磨坊这样的佳话。/ 我想到这里，不禁暗暗吃惊：原来历史是会倒退的"；想到这些，作者立即反思着自己受了"进化论"的影响。这个反思，既不谈威廉一世以身作则依法办事才成佳话、希特勒践踏法纪则成恶魔，也不谈威廉一世和磨坊的佳话对中国的法治有无警醒借鉴之处，对无视法纪无视民权的权势者有无讽喻鞭挞之意。读着作者对进化论影响反思的话，联系下文引证鲁迅头脑中的进化论被打碎的事例来看，第一个反思的中心竟是谈进化论的教训，与"那遥远的磨坊"，没有一点内在联系。

第二个反思是作者针对自己亲身经历的各次政治运动后的一些认识和期待，反思着"我的头脑过于简单了"。作者说："由于我亲身经历了直到 70 年代末的各次政治运动，饱览了运动中暴露的人性阴暗面，以至我对经历过这些'风雨'和'世面'的几代人，似已不抱多大希望了……我曾经以为，等到我们的社会中坚、精英人物多数是没有经过'反右派斗争''文化大革命'，既没有整人的经验也没有挨整的教训的一代人时，他们的灵魂不曾被强大的外力——物质和精神两重暴力——所扭曲，中国的事情就好办了，中国的面貌就会一天天好起来。"作者的这些话既不指出国人灵魂被"扭曲"，是运动中法制被破坏造成的恶果，也不表明中国只有健全法制法规依法办事，"中国的面貌就会一天天好起来"，而是对自己片面孤立静止地看待人性、看待历史，对自己对经历过那些运动的几代人不抱希望，感到绝望，以为只有那几代人几乎全退出了历史舞台后中国的面貌才会好起来的认识和期待，反思着自我头脑过于简单。这个反思，加上下文"绝望之为虚狂，正与希望相同"的引用，话题的中心又转成了要"切切实实面对生活"，仍与"那遥远的磨坊"不挨边，与法制法治不搭界。

因此，统观全文，前后内容脱节，互无关联，文章多中心，也即无中心。作者写到最后也自我意识到"话扯远了"。为把话拉回来，为照应题目，在说了都德写过《磨坊文札》、作者自己现在所住的社区原属"南磨坊"乡的地界后，生生地用了"让我也能写出我的磨坊文札吧"结束全文。而这结句则有违前一段中"戒绝绝望，删除幻想"之言，显得极其虚狂幻想，因为作者根本不知道他所处的南磨坊乡，何年何月才有"那遥远的磨坊"那样的法治环境。

另外，《那遥远的磨坊》中还有不少语病，现摘几句，简析于后。

1. 人们想必还都逛了十八世纪腓特烈大帝建的无忧宫，捎带着无忧宫前不远的一座老磨坊。

这句是作者推想人们逛了无忧宫和老磨坊，"想必"应提在"人们"前，"想必"作谓语，"人们"作兼语。语病属词序排列不当。

2. 他原来以为，青年人一定比老年人好，不幸的是，蒋介石发动"四·一二"政变后，他在广州亲眼看见，"投书告密""助官埔人"的，竟大抵都是青年！

此句是承"鲁迅先生早在1927年，就告诉我们，他头脑里的进化论是怎么被现实打碎的"而来的。进化论被打碎对鲁迅而言是件幸事，故"不幸的是"宜删除，否则会产生歧义。此句是讲进化论是怎么打碎的，不是评价"四·一二"政变，删除"不幸的是"，无伤文意。

3. 我曾经以为，鲁迅的书我不止读过一遍，鲁迅这从鲜血得出的教训，我也几乎能够背诵了。

此句"我……读过……我……能够背诵了"，陈述的是事实，不是心里所想，无"以为"之意，故"我曾经以为"不妥，宜删。

文中还有些语病，不是三言两语能辨析清楚的，不在此赘述。

（2013年8月）

附：《那遥远的磨坊》

邵燕祥

你知道我为什么忽然想起那遥远的磨坊吗？

那磨坊在德国的波茨坦，现在有许多中国游客去过，知道那是二战胜利前夕通过《波茨坦宣言》的地方，宣言确定了中国在战后的权益，至今常常被引用；人们想必还都逛了十八世纪腓特烈大帝建的无忧宫，捎带着无忧宫前不远的一座老磨坊。

磨坊的故事说来也简单，十九世纪时，威廉一世继承这座宫殿以后，发现前面那个磨坊碍他的眼，传话给磨坊主人，打算花钱买下来；不料（首先该是国王不料，而我们熟知君主脾气的中国人自然也不料）那磨坊主不干（似乎不是售价没谈妥，而是压根儿就不想卖），惹恼了国王，强行拆除。不料（也该是国王不料，同时我们现代中国人也依然不料，"太出格了"）那磨坊主竟把威廉一世告上法庭。又是不料（反正我是不料，不知威廉一世料到否）法庭依法判决威廉一世把那磨坊重建起来，并赔偿磨坊主的损失。最后一个不料（光剩下我不料了），是普鲁士国王威廉一世竟服从法庭所判，且称赞法官的公正和胆识，说"此吾国最可喜之事也"。

在我们这里要"戏说"才有的情节，一百多年前在他们那儿发生了；按我们的习惯，是批判这国王故作姿态，就跟批判某国搞"假民主"似的；其实掉过头来想想，做个姿态也好嘛，看他做的是什么姿态，"假民主"未必就比真专制还残酷？如果一直把"姿态"做下去，不是就弄假成真了吗？试想，倘若威廉一世他一抹脸，没等磨坊主告状，先就把人抓起来，或在诉讼过程中给法庭打个"招呼"，判那倒霉的原告一个"不予支持"，乃至"破坏秩序"什么的，至少"妨碍执行公务"的罪名就很现成；再如果法庭竟敢违旨，那就把法庭整个换班，把法官、磨坊主，还有辩护律师（如果有的话）通通抓起来，一个也不能少！那不也是一种"姿态"吗？

这后一种姿态，并不是我仅仅按"自己"的经验设想的。威廉一世是谁？

098

是难得的闻过就改，又懂得以法治国的"明君"吗？请注意，他就是打了一场普法战争，从外部引起巴黎公社起义的那一位普鲁士国王。就是这么一个家伙！我由那遥远的老磨坊想起了他。

我以往不断地听到看到，在中国大地上，"地产热"和"城市化热"当中，普通的城乡居民遭到强制拆迁，不但身外的产权得不到保障，甚至挨打挨轰，连起码的人身权利也横遭侵犯，且不少地方法院都不受理，应了诉告无门那句古话。

难道我们这里的房地产公司开发商及其下属人员，一些相应职权部门直到最基层拆迁办公室工作人员，竟还不如一百多年前反动普鲁士的国王威廉一世遵守法律，从而表现得通情达理吗？

我已经兜出了这个国王的老底，没有替他涂脂抹粉的意思；也不是说外国例如德国的月亮比我们中国的圆；不，圆过一次不等于老圆，过去圆过也不是后来就一定还圆。这就是了。威廉一世之后，不到一百年，德国换了希特勒执政，他把条约当成了骗人的废纸，他指使法庭公然制造冤案，他视人民生命如粪土……在他恶魔的一生中，你再也找不出像威廉一世和磨坊这样的佳话。

我想到这里，不禁暗暗吃惊：原来历史是会倒退的，人类社会是会倒退的，倒退一百年，甚至更多。而我从小受的教育，未来永远是美好的，一切都会一天比一天好，人类也会一代比一代强。说到底，还是"进化论"的影响。

但是，鲁迅先生早在1927年，就告诉我们，他头脑里的进化论是怎么被现实打碎的。他原来以为，青年人一定比老年人好，不幸的是，蒋介石发动"四·一二"政变后，他在广州亲眼看见，"投书告密""助官捕人"的，竟大抵都是青年！

我曾经以为，鲁迅的书我不止读过一遍，鲁迅这从鲜血得出的教训，我也几乎能够背诵了。然而，事实上在我心目中还深埋着以为青年就一定好过老年的……不说是偏见，也有其片面性吧。由于我亲身经历了直到70年代末的各次政治运动，饱览了运动中暴露的人性阴暗面，以至我对经历过这些"风雨"和"世面"的几代人，似已不抱多大希望了，尽管我也看到不少坚守人性的善良、道德的底线，以至堪称"民族的脊梁""纯粹的人"的典范。因此，我曾以为，等到我们的社会中坚、精英人物多数是没有经过"反右派斗争""文化大革命"，既没有整人的经验也没有挨整的教训的一代人时，他们的灵魂不曾被强大的外力——物质和精神两重暴力——所扭曲，中国的事情就好办了，中国的面貌就会一天天好起来。我真诚地这样期待过，这样祈愿过。但是，我终于发现，我的头脑过于简单了，我的希望是虚狂的；我如果还有的所谓思维能力，也不够分析中国当前的各种现象的。

虽这么说，大家不要为我担心，我只是发现自己乐观过了头，而我没有绝望。鲁迅转述的西哲之言，早就告诫我们："绝望之为虚狂，正与希望相同。"

戒绝绝望，删除幻想，切切实实地面对生活，做些力所能及的实事。

话扯远了，我喜欢磨坊这个形象，法国十九世纪作家都德（《最后一课》和《柏林之围》的作者）写过《磨坊文札》，也是我喜欢的一本书。我现在所住的社区原属一个"南磨坊"乡的地界，我暗暗想，让我也能写出我的"磨坊文札"吧。

谈《谈〈水浒〉的人物和结构》中一个病句的修改

"一正一反螺旋式的到达顶点"，这"一正一反"到底是一从正面一从反面到达顶点，还是螺旋式即曲折地到达顶点呢？"一正一反螺旋式"是一种什么样的运行方式？凭常识我们知道：一正一反和螺旋式是不能同路并行的

全日制普通高级中学教科书《语文》第五册（人民教育出版社，1990 年版）将之前版本中的《谈〈水浒〉的人物和结构》（以下简称《谈》）一文中的"但小说结构发展的逻辑却从一连串的一正一反螺旋式的到达顶点"，改为"但小说结构发展的逻辑却经过一连串的一正一反的螺旋到达顶点。"我认为原句语意不通，修改后表意仍然不清不准，令人难以理解："到达顶点"的到底是指小说结构还是发展的逻辑？小说结构或者发展的逻辑有顶点吗？《水浒传》或者《谈》中举的杨志的故事，其结构发展的顶点在哪里？结构是指事物各个组成部分的搭配和排列，是指组织方式和内部构造，结构怎么会发展？亦或《谈》中的"小说结构发展"就是指小说情节发展？"顶点"就是指小说情节发展的高潮？但小说结构与小说情节怎么能够等同呢？

我认为原句"但小说结构发展的逻辑却从一连串的一正一反螺旋式的到达顶点"，不仅是滥用"从"字"式"字的问题，也不可能只删改几个字就能改得通的，因为原话的毛病有好几个：（1）将原话一压缩，它的主干是"逻辑到达顶点"。逻辑是指思维的规律性或指客观规律性，是对客观事物一种性态的表述，它无所谓什么到达顶点底点，"逻辑到达顶点"，令人不知所云。（2）"小说结构发展"中，小说结构，顾名思义是指小说中的材料、人物、事件等分别轻重主次合理地加以安排和组织，是指小说这种文艺作品的组织方式和内部结构。因此，《水浒》这部小说的结构也不存在什么发展不发展的问题。正如评价一栋具体的房子的结构一样，只能说它结构是否有机、合理、牢固、美观等，如果说它结构的发展，那大概只能理解为是在谈论这座房子建造过程的情况，是评价房子本身好坏以外的事了。（3）"一正一反螺旋式的到达顶点"，这"一正一反"到底是一从正面一从反面到达顶点，还是螺旋式即曲折地到达顶点呢？"一正一反螺旋式"是一种什么样的运行方式？凭常识我们知道：一正一反和螺旋式是不能同向并行的。因此，"一正一反螺旋式的到达顶点"，表意是不清不准的。（4）"但小说结构发展的逻辑却从一连串的一正一反螺旋式的到达顶点"，仔细揣摩推测，这句话的意思大概是讲杨志的故事的情节发展和结构的完整。但这句话后的事例论据却与"螺旋式到达顶点"这一论点脱了节。论点后是讲杨志失陷生辰纲和吴用智取生辰纲，是讲"结构上的纵横开阖，便是这样造成的"，并非是讲小说结构发展的逻辑怎样到达顶点。

综上所述，我认为"但小说结构发展的逻辑却经过一连串的一正一反的螺旋到达顶点"，是个表意不清，又与前后文脱了节的病句。在它上面删改几个字是难改好的。联系它的上文"故事发展的逻辑是这样的"和前述的下文，尤其是联系段尾"结构上的纵横开阖，便是这样造成的"，如果将它删改为"但小说结构却是纵横开阖的"，大概要比改个"从"字删个"式"字，恰当得多。这不仅表意明白准确，还能与段末结句紧紧勾联，使这段话的论点与论据相吻合，使论述中心明确，结构严谨。

（1993 年）

附：《谈〈水浒〉的人物和结构》（谈结构部分）
茅　盾

从全书看来，《水浒》的结构不是有机的结构。我们可以把若干主要人物的故事分别编为各自独立的短篇或中篇而无割裂之感。但是，从一个人物的

102

故事看来,《水浒》的结构是严密的,甚至也是有机的。在这一点上,足可证明《水浒》当其尚为口头文学的时候是同一母题而各自独主的许多故事。

这些各自独立,自成整体的故事,在结构上有一些共同的特点;大概而言,第一,故事的发展,前后勾连,一步紧一步,但又疏密相间,摇曳多姿。第二,善于运用变化错综的手法,避免平铺直叙。试以林冲的故事为例。林冲故事,从狱庙烧香到水泊落草,一共五回书,故事一开始就提出那个决定了林冲命运的问题,从此步步向顶点发展,但这根发展的线不是垂直的一味紧下去的,而是曲折的,一松一紧的;判决充军沧州,是整个故事中间的一个大段落,可不是顶点,顶点是上梁山,林冲故事也就于此结束。在这五回书中,行文方面,竭尽腾挪跌宕的能事,使读者忽而愤怒,忽而破涕为笑,刚刚代林冲高兴过,又马上为他担忧。甚至故事中的小插曲(如林冲路遇柴进及与洪教头比武)也不是平铺直叙的。这一段文字,先写林冲到柴进庄上,柴进不在,林冲失望而去,却于路上又碰到了柴进(柴进出场这一段文字写得有声有色),后来与洪教头比武。林冲比武这小段的插写,首尾不过千余字,可是,写得多么错综而富于变化。说要比武了,却又不比,先吃酒,当真开始比武了,却又半真(洪教头方面)半假(林冲方面),于是柴进使银子叫解差开枷,又用大锭银作注,最后是真比,只百余字就结束了;但这百余字真是简洁遒劲,十分形象地写出了林冲武艺的高强。这一小段千余字,还把柴进和洪教头两人的面目刻画出来,笔墨之经济,达到了极点。再看杨志的故事。杨志的故事一共只有三回书,一万五六千字,首尾三大段落:卖刀,得官,失陷生辰纲。在结构上,杨志的故事和林冲的故事是不同的。林冲故事先提出全篇主眼,然后一步紧一步向顶点发展,杨志故事却是把失意、得志、幻灭这三部曲概括了杨志的求官之梦,从结构上看,高潮在中段。在权贵高俅那里,杨志触了霉头,但在另一权贵梁中书那里,杨志却一开始就受到提拔,似乎可以一帆风顺了,但在权贵门下做奴才也不容易。奴才中间有派别,经常互相倾轧。梁中书用人不专,注定了杨志的幻灭。同时也就注定了黄泥岗上杨志一定失败。故事发展的逻辑是这样的,但小说结构发展的逻辑却从一连串的一正一反螺旋式的到达顶点。杨志一行人还没出发,吴用他们已经布好了圈套,这在书中是明写的;与之对照的,便是杨志的精明的对策。读者此时急要知道的，是吴用等对于此十万贯金珠究竟是"软取"呢或是"硬取"？如果"软取"，又怎样瞒过杨志那精明的眼光？这谜底，直到故事终了时揭晓，结构上的纵横开阖，便是这样造成的。

以上是对于《水浒》的人物和结构的一点粗浅的意见。如果要从《水浒》学习，这些便是值得学习的地方。自然，《水浒》也还有许多优点值得我们学习。例如人物的对白中常用当时民间的口头语，因而使得我们如闻其声；又如动作的描写，只用很少几个字，就做到了形象鲜明，活跃的纸上，……这些都应该学习，但是从大处看，应当作为学习的主要对象的，还是它的人物描写和结构。请不要误会，以为《水浒》的其他方而就没有可供我们学习之处；不过，此篇专谈它的如何创造人物与如何结构全局，所以暂时不谈它的其他方面。在这上头，我的偏见，以为《水浒》比《红楼梦》强些，虽然在全书整个结构上看来，《红楼梦》比《水浒》近于有机的结构，但以某一人物的故事作为独立短篇而言，如上所述，《水浒》结构也是有机的。

我们竟出生在古代

——《司马迁与〈史记〉》语病例析

"《史记》开创了我国古代两千多年经传体的历朝的'正史'的先河"。

《史记》成书至今也不过两千零几十年，读者没法清楚"古代两千多年"是怎么算出来的。这个"古代"是否包括鸦片战争以后？是否包括我们今天说的近代现代当代？若不包括，怎么会有两千多年？若包括，我们自己或者至少我们之中有不少老人竟出生在"古代"！由此也足见，《司马迁与〈史记〉》的语言太粗疏了。

全日制普通高级中学《语文》第五册（人民教育出版社，1999年版）中的《司马迁与〈史记〉》语病不少，现举例简析如下。

1."这种囊括古今各类知识，各家各派文化于一炉而加以融会贯通的气魄，是前无古人的。"

"囊括"与"于一炉"，语意重复。从词的本义上来说，"囊"与"炉"不宜放在一起，"囊括"的东西放"于一炉"去"融"（熔），"囊"以至"囊"中之物也就化为乌有了。"囊括……融会贯通"，应是一种才能、本领，用它去修饰"气魄"是不妥的。"囊括古今各类知识、各家各派文化于一炉"，太夸张了，《史记》没有这个能耐，恐怕古今中外任何一部书，都不可能办到。

2."因而《史记》中就突出地显示了一种作者所追求的理想政治、理想社会的光芒，和对现实政治、现实社会的种种批判。其中有的是相当深刻，相当准确，甚至有的是两千年来常读常新的。"

　　将这两句话简化，其主干是"《史记》显示了光芒和批判。其中有的（光芒和批判）是相当深刻准确，是常读常新的。"很显然，句中词语搭配不当："批判"不是"显示"出来，"光芒"也不能用"深刻"和"准确"来判定，"光芒"和"批判"也难以常读常新。

　　3."其四是贯彻全书的那种豪迈的人生观、生死观、价值观。司马迁在《史记》中所歌颂的几乎都是一些勇于进取，勇于建功立业的英雄。①他们有理想，有抱负，有追求；②他们为了某种信念，某种原则可以不怕牺牲自己的生命；③他们都有一种百折不挠、不达目的的誓不罢休的精神。司马迁曾在《报任安书》中写道'人固有一死……'。"

　　"贯彻"是彻底实现或体现的意思，"贯彻"宜改为"贯穿"。①②③按照文意的层进"追求——不罢休——不怕牺牲"，②与③宜调换，若调换了"不怕牺牲自己的生命"与"人固有一死"，才接得紧凑。

　　4."①他视为榜样的是文王拘而演周易……此人皆意有所郁结，不得通其道，故述往事，思来者。②司马迁的个人奋斗经历与《史记》所歌颂的这些艰苦奋斗的思想，是司马迁留给后人的一份宝贵财富，它永远给我们以激励，给我们以启迪，当我们灰心丧气，濒临绝望的时候，给我们以无比的力量，信心与勇气。"

　　这两句中，第①句说的是司马迁把"文王拘而演周易"等人和事视为榜样，第②句却说成是在歌颂"艰苦奋斗的思想"。前后语意联系不紧。"文王拘而演周易"等用艰苦奋斗来概括也不恰切。而"当我们灰心丧气、濒临绝望的时候，给我们以无比的力量、信心和勇气"，宜删除。因为它的意思前面的"它永远给我们以激励，给我们以启迪"已完全包含了，更何况并非我们每个读者都有"灰心丧气、濒临绝望"的经历。

　　5."《史记》开创了我国古代两千多年经传体的历朝的'正史'的先河"。

　　《史记》成书至今也不过两千零几十年，读者没法清楚"古代两千多年"是怎么算出来的。这个"古代"是否包括鸦片战争以后？是否包括我们今天所说的近代现代当代？若不包括，怎么会有两千多年？若包括，我们自己或者至少我们之中有不少老人竟出生在"古代"！由此也足见，《司马迁与〈史记〉》语言太粗疏了。

（2000 年）

附：《司马迁与〈史记〉》
韩兆琦

司马迁（前 145—前 90？），字子长，左冯翊夏阳（今陕西韩城市）人，生活在西汉武帝时代，前后曾为郎中、大史令、中书令等职。《史记》共 130 篇，52 万字，包括"本纪""世家""列传""书""表"五个部分，记事上起轩辕黄帝，中经唐、虞、夏、商、周、秦，下迄汉武帝太初年间。《史记》包罗广泛，体大思精。它不仅写了远古、近古，也写了现代、当代；不仅写了中原、华夏，也写了边疆、外国；不仅写了政治、军事，也写了经济、文化；不仅写了帝王将相、英雄豪杰，也写了下层社会各色人等。这种囊括古今各类知识、各家各派文化于一炉而加以融会贯通的气魄，是前无古人的；司马迁自述其写作此书的目的是"究天人之际，通古今之变，成一家之言"，这种打通一切领域，自立学术章程，总结一切规律以求现实政治服务的宏伟目标，也是前无古人的。

《史记》中最激动人心的思想在今天看来主要有四点：其一是它所表现的进步的民族观。司马迁吸收了战国以来有关中国境内各民族以及周边国家发展来源的说法，在《史记》中把春秋、战国时代的中原、荆楚、吴越、秦陇、两广、云贵、塞北、东北各地区的国家与民族都当作黄帝的子孙，这对于两千年来我国这个多民族的友好大家庭的形成与稳定，起了难以估量的作用。不仅如此，司马迁在写到汉王朝对周边国家，周边民族用兵的时候，又总是站在反对穷兵黩武，反对扩张、掠夺的立场，他所追求的是各民族间平等友好地和睦相处。正是从这个意义上，我们说司马迁是当时汉族被压迫人民与各周边少数民族的共同的朋友。

其二是它所表现的进步的经济思想。这包括强调发展经济，认为经济是国家强大的基础；反对单打一的"重本抑末"，而提倡"工""农""商""虞"四者并重；反对从政治上对工商业者的歧视，而歌颂他们的本领、才干，并专门为他们树碑立传等等。

其三是他所表现的强烈的民主性与批判性。《史记》是先秦文化的集大成，司马迁是先秦士大夫优秀思想人格的继承者与发扬者。他之所以写《史记》不是单纯地为了记载历史陈迹，而是明确地为了"成一家之言"，因而《史记》中就突出地显示了一种作者所追求的理想政治、理想社会的光芒，和对现实政治、现实社会的种种批判。其中有些是相当深刻、相当准确，甚至有些是两千年来常读常新的。

其四是贯彻全书的那种豪迈的人生观、生死观、价值观。司马迁在《史记》中所歌颂的几乎都是一些勇于进取、勇于建功立业的英雄。他们有理想、有抱负、有追求；他们为了某种信念、某种原则可以不惜牺牲自己的生命；他们都有一种百折不挠、不达目的誓不罢休的精神。司马迁曾在《报任安书》中写道："人固有一死，或重于泰山，或轻于鸿毛，用之所趋异也。"他遭受宫刑，痛不欲生，为了完成《史记》他顽强地活下来。他视为榜样的是"文王拘而演《周易》，仲尼厄而作《春秋》，屈原放逐，乃赋《离骚》；左丘失明，厥有《国语》；孙子膑脚，兵法修列；不韦迁蜀，世传《吕览》；韩非囚秦，《说难》《孤愤》；《诗》三百篇，大抵贤圣发愤之所为作也。此人皆意有所郁结，不得通其道，故述往事，思来者。"司马迁的个人奋斗经历与《史记》中所歌颂的这些艰苦奋斗的思想，是司马迁留给后人的人的一份宝贵的财富，它永远给我们以激励，给我们以启迪，当我们灰心丧气、濒临绝望的时候，给我们以无比的力量、信心与勇气。

《史记》是我国第一部以人物为中心的伟大的历史著作，同时也是我国第一部以人物为中心的伟大的文学著作。从历史的角度讲，《史记》开创了我国古代两千多年纪传体的历朝"正史"的先河；从文学的角度讲，《史记》第一次运用丰富多彩的艺术手法，给人们展现了家喻户晓的朝臣如管仲、晏婴、萧何、张良；有百战百胜的名将如白起、韩信、卫青、霍去病；有改革家如吴起、商鞅、赵武灵王；其他节烈型的有屈原、王蜀；口辩型的有张仪、苏秦、郦食其；侠义型的有鲁仲连、荆轲、朱家、郭解；滑稽型的有淳于髡、优旃等等。他们千姿百态，能给读者留下深刻印象的大约有一百多个。

《史记》人物与先秦文学人物的显著差异在于它们鲜明的个性。由于作者十分注意设身处地揣摩每个情节、每个场面的具体情景，并力求逼真地表达出每个人物的心理个性，因此《史记》的描写语言和他为作品人物所设计的对话都是异常精彩的。我想只要我们细心地把《廉颇蔺相如列传》《荆轲列传》中有关"完璧归赵""渑池会""易水送别""秦庭惊变"等情节、场面的具体描写分析一下；把《项羽本纪》《高祖本纪》中有关项羽、刘邦、张良等人物的对白分析一下，我们会深深为作者那种出神入化的匠心独运所倾倒。《高祖本纪》写刘邦与项羽相峙于荥阳时，项羽的部下一箭射中了刘邦的胸口，而刘邦当时竟"乃扪足曰：'虏中吾趾！'"这对刘邦那种绝顶聪明，那种像是条件反射一样迅速而自然的随机应变，而同时又是"恢宏大度"、好骂人、好调笑的性格是多么生动的刻画！当项羽被围垓下，夜闻汉军四面皆楚歌的时候，他"悲歌慷慨，自为诗曰：'力拔山兮气盖世，时不利兮骓不逝。骓不逝兮可奈何，虞兮虞兮奈若何？'"清代周亮工说："垓下是何等时？虞姬死而子弟散，匹马逃亡，身迷大泽，亦何暇更作歌诗！即有作，亦谁闻之，而谁记之与？吾谓此数语者，无论事之有无，应是太史公'笔补造化'，代为传神"。此话可谓道出了《史记》文学性的某些重要诀窍。也正是从这些方面，我说《史记》在塑造人物的方法上，似乎有一种飞跃性的超前的成熟。

《史记》文学的另一个显著特点是它的抒情性。《史记》中有些作品篇幅不长，而通篇像一首诗，如《伯夷列传》《屈原列传》《游侠列传》就是这样的。但《史记》中大量篇章的抒情性是在于作品的夹叙夹议，以及融浓厚的爱憎感情于叙事、描写之中。如《项羽本纪》《魏公子列传》《李将军列传》等就是这样的。整部《史记》是一曲爱的颂歌，恨的诅曲，是一部饱含作者满腔血泪的悲愤诗。鲁迅曾说司马迁"恨为弄臣，寄心楮墨，感身世之戮辱，传畸人于千秋，虽背《春秋》之义，固不失为史家之绝唱，无韵之《离骚》矣。"（《汉文学史纲要》）《史记》的主观色彩与其抒情性，在历朝"正史"中是最浓厚、最深邃的。

《史记》的出现，确定了我国古代传记的基本格局，诸如思想方面的以史为鉴，教化作用；形式方面的篇幅短小，强调表现人物性格，而不在堆砌材料的多与全，以及语言的精美、抒情等等。而《史记》写人物、写故事的方法则又给我国后世小说、戏剧以深影响，《史记》中的诸多主题，《史记》人物的诸多范型，以及《史记》故事的许多情节场面，都为后世的小说、戏剧开出了无数法门。

　　《史记》作为第一部传记文学的确立，是具有世界意义的。过去欧洲人以欧洲为中心，他们称古希腊的普鲁塔克为"世界传记之王"。普鲁塔克大约生于公元46年，死于公元120年，著有《列传》（今本译作《希腊罗马名人传》）50篇，是欧洲传记文学的开端。如果我们把普鲁塔克放到中国古代史的长河中来比较一下，可以发现，普鲁塔克比班固（32-92）还要晚生14年，若和司马迁相比，则要晚生177年了。司马迁的《史记》要比普鲁塔克的《列传》早产生几乎两个世纪。

《孔孟》结尾问答大而不当

《孔孟》是在论述孔孟差异及造成这种差异的根源，而不是在探索造成春秋战国巨大差别的根源，更与中国社会早熟的话题相距甚远。作者为什么要在篇末扯上这么两个大问题呢？

《孔孟》最后的两段问答，意在大处着眼，意在使文章主题深化和升华，但是没注意"场合"，大而不当。

黄仁宇先生在《孔孟》（编入人民教育出版社 2001 年版全日制普通高中教科书《语文》第五册）一文中，以充足的论据，条分缕析，将孔子与孟子加以精细的比较，发现二者的差异及造成这些差异的时代根源。这篇文章内容新颖，观点独到深刻，文笔典雅晓畅，引人入胜。可是读到倒数第二段却不免令人疑惑：作者在这段中连续发问用意何在？这一段只有三句，全是问句，即"为什么孔子和孟子之间会有这样一段距离？为什么春秋阶段与战国阶段会有这样巨大差别？为什么中国会如此早熟——在纸张都未发明，文书尚用竹简木片传抄之际，即出现至圣亚圣，而且与孟子同一世纪即出现了秦始皇，且对此后的中国有决定性的影响？"

第一问，作者在前面已作了充分的论述，何需再问？后两个问题与上文的意思几乎没有关联，而后面只有短短一段，能回答得了这么两个大问题？读完最末一段，对于作者的发问和解答，读者更是一团迷雾。作者说："对于上述诸问题的背景，前人已经说过：是因为华北黄土地带，耕耘容易，农业既盛，人口增加，交通又便利，商业开始互通有无，社会上流动性大。加以铁铸技术出现于春秋战国之间，影响到农具和兵器等等。这些解答都有根据，但是没有一针见血地指出中国历史地理的特点。春秋战国间社会出现剧烈的变化，百家争鸣，最后的暴力完成统一，在世界历史上是独一无二的现象。"作者对"上述诸问题"的这些解答只是提供了"诸问题"共同的背景罢了，怎么能同时回答孔孟的距离、春秋战国的巨大差别、中国的早熟及其对以后的影响呢？至于作者自己"一针见血地指出中国历史地理的特点"："春秋战国间剧烈的变化，百家争鸣，最后的暴力完成统一"，我认为对回答"上述诸问题"也根本难以胜任。"春秋战国间剧烈的变化"与"春秋阶段与战国阶段的巨大差别"，"以暴力完成统一"与"出现了秦始皇"，几乎是同义语，答句与问句可以说是同义反复。这样的问答能有什么意义呢？

《孔孟》是在论述孔孟差异及造成这种差异的根源，而不是在探索造成春秋战国巨大差别的根源，更与中国社会早熟的话题相距甚远。作者为什么要在篇末扯上这么两个大问题呢？

人们常说写文章要大处着眼，小处落笔。这话固然很对，但是，有的人一写文章，一做报告，似乎不用些话表明自己在"大处着眼"，就不放心不甘心，就怕显示不了自己统揽全局高屋建瓴的眼力和胸气，这就让人不免觉得有些糊弄玄虚。其实，这种大处着眼的话，若不看场合，往往大而不当。我觉得《孔孟》最后的两段问答，也是意在大处着眼，意在使文章主题深化和升华，但也是没注意"场合"，大而不当。

（2002 年）

附：《孔孟》
黄仁宇

在儒家的传统中，孔孟总是形影相随，既有大成至圣，则有亚圣。既有《论语》，则有《孟子》。孔曰"成仁"，孟曰"取义"，他们的宗旨也始终相配合。《史记》说："孟子序诗书，述仲尼之意。"今人冯友兰，也把孔子比作苏格拉底,把孟子比作柏拉图。

但是我们仔细比较他们,却也发现很多不相同的地方。最明显的,《论语》中所叙述的孔子,有一种轻松愉快的感觉,不如孟子凡事紧张。所以大成至圣能够以"君子坦荡荡"的风格,避免"小人长戚戚"的态度去保持他的悠闲。孔子令门人言志,只有曾皙最得他的赞许。而曾皙所说的,大致等于我们今天的郊游和野餐,"暮春者,春服既成,冠者五六人,童子六七人,浴乎沂,风乎舞雩,咏而归"。与这种态度截然相对的是孟子"生于忧患,死于安乐"的主张。孔子还说饭菜不做好,这样不吃那样不吃,衣服也要色彩裁剪都合式。孟子却毫不忌讳地提出"庖有肥肉,厩有肥马,民有饥色,野有饿莩"。而且"老羸转乎沟壑,壮者散而之四方"这样的话也经常出现在他的嘴中。

孔子没有直接提到人之性善或性恶。《论语》中,"仁"字出现了66次,没有两个地方的解释完全相同。但是他既说出虽为圣贤,仍要经常警惕才能防范不仁的话,可见他认为性恶来自先天。他又说"观过,斯知仁矣",好像这纠正错误,促使自己为善的能力,虽系主动的,但仍要由内外观察而产生。孟子则没有这样犹疑。他曾斩钉截铁地说:"人性之善也,犹水之就下也;人无有不善,水无有不下。"孔子自己承认,他一生学习,到70岁才能随心所欲不逾矩。孟子的自信,则可以由他自己所说"我善养吾浩然之气"的一句话里看出。这种道德力量,经他解释,纯系内在的由自我产生。所以他说:"舜何人也,予何人也,有为者亦若是。"也就是宣示人人都能做圣贤。

孔子对"礼"非常重视。孔子虽然称赞管仲对国事有贡献,但仍毫不迟疑地攻击他器用排场超过人臣的限度。颜渊是孔子的得意门徒,他死时孔子痛哭流涕,然而孔子却根据"礼"的原则反对厚葬颜渊;又因为"礼"的需要,孔子见南子,使子路感到很不高兴。孔子虽不喜欢阳货的为人,但为了礼尚往来,他仍想趁着阳货不在家的时候去回拜他。孟子就没有这样的耐性。齐宣王称病,他也称病。他见了梁襄王,出来就说:"望之不似人君。"鲁平公没有来拜访他,他也不去见鲁平公。他对各国国君的赠仪,或受或不受,全出己意。他做了齐国的吊丧正使,出使滕国,却始终不对副使谈及出使一事。

这中间的不同,不能说与孔孟二人的个性无关。或许《论语》与《孟子》

两部书的取材记载不同，也有影响。但是至圣和亚圣，相去约两百年，中国的局势，已起了很大的变化。孟子说"此一时也，彼一时也"，这八个字正好可以用来说明他们之间的距离。

孔子生于公元前551年，卒于公元前479年，是春秋时代的末期。孟子的生卒年月，虽不能确定，但是他最活跃的时间，也是战国时代的前中段。《孟子》一书开场即提到他见梁惠王，那是公元前336年的事，距离战国开始已67年，又115年之后秦才灭六国统一中国。在春秋的时候，周朝的封建制度，已不能维持，但是还没有完全败坏。以前各小国各自为政，里面主持国政的卿和大夫以及担任下级军官的士，全部世袭，一切都按成规，而现在一切都接受"礼"的约束之原则已不再适用，但是公侯伯子男的互相征伐，仍以道德的名义出之。纵使叛逆篡位也还要邀请与自己利害相关的各方支持。但最最重要的是，这时的战事还未波及全民，不致使父母兄弟妻子离散。

春秋时代的车战，是一种贵族式的战争，有时彼此都以竞技的方式看待，布阵有一定的程序，交战也有公认的原则：也就是仍不离开"礼"的约束。"不为已甚"是当时的一般趋势。根据原则，在某种情形之下，不追击敌人。在某种情形之下，不向主敌射击，不设险以谲诈取胜。既已给敌兵第一下的创伤，不乘势作第二次的戳刺。头发斑白的人，不拘为俘虏。这些态度与欧洲中古的骑士精神很相仿佛，虽然这些原则并不可能全部遵守，但是接战时间短促，参战的人数受车数的限制。总之，春秋时代的战事，显示了社会的不稳定性。但战事的本身，还不足以造成社会的全面性动荡。

针对这些条件，孔子对当时情形，还没有完全失望。他的娴雅代表着当时的社会，相对于战国的暴乱而言，还相当的宁静。所以他仍提倡"克己复礼"，显示着过去的社会秩序仍可恢复。他有时也发牢骚，说什么"道不行，乘桴浮于海"，"凤鸟不至，河不出图，吾已矣夫"，可是要他表示方针的时候，他的办法端在"正名"，也就是恢复一切事物原有的名分。"如有用我者，吾其为东周乎？"更表现一腔复古的热忱。

孟子有时候被人称为有"革命性"，这是因为战国时代的动乱，使他知道，只是恢复故态而不改弦更张是不能济事的。齐人准备伐燕，他说燕可伐。齐宣王问他贵戚之卿应做的本分，他说："君有大过则谏，反复之而不听则易位。"也就是容许废君而另立族中贤人。梁襄王问他："天下恶乎定？"他答道："定于一。"襄王又追着问："孰能一之？"孟子就说："不嗜杀人者能一之。"他又曾和梁惠王说过"地方百里，而可以王"。这已经不是孔子所说"非礼勿视，非礼勿听，非礼勿言，非礼勿动"的严格规矩了。

　　孟子开始游说的时候，也正是商鞅受刑，苏秦、张仪提倡合纵连横之季。战国七雄，已经准备长期的大厮杀。虽然这时候的战事还没有像战国末季那样剧烈——凡是年龄十五岁以上的都要向防地报到，降卒四十万或四十五万一起坑埋——但是这时也不再是春秋时代竞技式的战争了。商鞅相秦，第一件事就是"令民为什伍"，即是以一种军事组织的原则，加之全民。在战场上骑兵既登场，步兵人数也大量增加。"斩首六万"，"斩首七千"，已经开始见于各国的纪录。孟子说："今夫天下之人牧，未有不嗜杀人者也。"这句话可能反映当时各国备战的情况，也可以说是他对当时国君草菅民命的一种控诉。他所说的"民有饥色，野有饿莩"不可能是无的放矢。

　　在宋朝以后，《孟子》成为《四书》之一，实际上它占《四书》一半以上的篇幅，既为各朝经筵讲解之用，也为科举取士的标准，对中国思想史有无可估量的影响。而亚圣以慈悲为怀的心肠，为民请命，他讲的话有时也富有情感，有时尤任直觉，例如"见牛未见羊"，"君子远庖厨"。他的性善论必定带着一种强迫性的推论。因人既然生性为善，那么强迫人们保持这种天性也不算过分了。这关键处有如卢梭之论自由。他的低水准平等思想——例如"乐岁终身饱，凶年不免于死亡"，以及"省刑罚，薄税敛"，在一个简单的农业社会里，被奉作经典，同时也符合事实的需要。可是今日我们读《孟子》和《四书》全部，却不能一体视之为政治哲学，一定也要考究他们的历史背景，有时也要和孟子自己所说的一样，"尽信书不如无书"。

　　为什么孔子和孟子之间会有这样一段距离？为什么春秋阶段与战国阶段会有这样巨大的差别？为什么中国会如此早熟——在纸张都未发明，文书尚用竹简木片传抄之际，即出现至圣亚圣，而且与孟子同一世纪即出现了秦始皇，且对此后的中国有决定性的影响？

对于上述诸问题的背景，前人已经说过：是因为华北黄土地带，耕耘容易，农业既盛，人口增加，交通又便利，商业开始互通有无，社会之流动性大。加以铸铁技术出现于春秋战国之间，影响到农具和兵器等等。这些解答都有根据，但是没有一针见血地指出中国历史地理的特点。春秋战国间剧烈的变化，百家争鸣，最后又以暴力完成统一，在世界历史上是独一无二的现象。

莫名其妙的算术题

——《人是什么》中"0"的质疑

这些话，把"对眼前现时的把握"比作一个不变的 1，而"对未来的憧憬"则被比作 1 后面的多个 0，似乎有 n 个憧憬就可以在 1 后面添 n 个 0，也就是说，不管怎样"珍惜、牢牢地把握现时的每一分钟"，只有多多憧憬未来，人生之值才能增加，并且增加的值大得惊人，即在把握现时的前提下，对未来有 n 个憧憬，人生价值量就是 $1 \times 10n$ 倍！

全日制普通高级中学教科书《语文》第五册（人民教育出版社 2001 年版）选用的《人是什么》的作者在该文中说："我想，人是由三部分组成的：对往事的追忆，对现时的把握和对未来的憧憬"；"不管是谁，对眼前现时的把握，都应该是重点……它的比重应该占百分之九十五。"可是，作者在后面专谈"构成人的最重要部分——对现实的把握"中说："至于笔者，则把现时（当前）看成是小学算术课本上的 1，对未来的憧憬则看成是 0。……1 后面的 0 越多值越大。若用日常语言来说，就是：伟大志向造就伟大人物，但要以牢牢把握现时为必要的前提。"

后面的这些话，把对眼前现时的把握比作一个不变的 1，而对未来的憧憬则被比作 1 后面的多个 0，似乎有 n 个憧憬就可以在 1 后面添 n 个 0，也就是说，不管怎样"珍惜、牢牢地把握现时的每一分钟"，只有多多憧憬未来，人生之值才能增加，并且增加的值大得惊人，即在把握现时的前提下，对未来有 n 个憧憬，人生价值量就是 1×10^n 倍！这不与"不管是谁，对眼前现时的把握都应该是重点……它的比重应该是百分之九十五"的话完全相悖吗？作者对现时的把握定的"比重应该是百分之九十五"，即使对未来的憧憬是百分之五，难道每增加一个憧憬，就得增加百分之九十五即相当于憧憬的 15 倍的时间和精力去把握现时吗？这有必要和可能吗？也许作者会反驳，说他说的是小学算术课本上的 1，运用乘方来理解，是曲解他的原意。若如此，"1 后面的 0 越多值越大"的话就无法理解了。

或许，作者还会反驳：我谈的是"人是由三部分组成的：对往事的追忆，对现时的把握和对未来的憧憬"，我说的百分比是就人的组成的轻重而言的，并非是论人生的价值。如果真是这样，那百分之九十五就更没法理解，因为把握的现时都是瞬间即逝的，都属憧憬的未来和回忆的往事，现时的组成量的多少是怎么也把握不出来的。而作者在文后说："失去对往事的回忆和对未来的希望，就难以把握现时。把握不了现时的人是一个不成其为人的人，是一个丧失了自我的人。在人生和世界的激流中，他必然会像初冬从树上漂落下来的最后一片枯叶，在西风残照中孤零零地漫无目的地乱舞。"这些话，似乎又是明白无误地告诉读者：那个百分之九十五是指把握现时占人生的意义和价值的百分比，是就把握现实的重要意义而言的。又正由此，足见那"对未来的憧憬则看成是 0。……1 后面的 0 越多值越大"与百分之九十五相抵牾，也根本体现不出"对现时的把握是重点"。

另外，读《人是什么》还给人一个不佳印象：作者太爱掉书袋。这篇文章并不很长，我数了一下，它里面出现的人名和学派有 30 个之多，引用的诗文等有 25 次，爱因斯坦的话就被引用了 6 次。但是引述的，有的与文中要表述的内容几乎没有关联，甚至有伤文意。如"最重要部分"中，"'现实'是什么？／现代西方逻辑实证主义哲学家和操作主义物理学家都思索过这个问题"，作者引证了哲学家和物理学家，却只说他们思考过这个问题，怎么思考，思考什么，他们思考的有什么特点，只字未提。

作者不仅爱掉书袋，其用语也给人一种故弄玄虚卖弄文字的感觉。而卖弄的结果，几乎又弄巧成拙，例如"把握不了现时的人……必然会像初冬从树上飘落下来的最后一片枯叶，在西风残照中孤零零地漫无目的地乱舞"，把"把握不了现时的人"比作枯叶，还是最后一片枯叶。用"最后一片"，是否要反衬其他枯叶能跟风合众？西风一起就纷纷坠落成堆，就可似目标明确的智者、谙悉时务的英雄？又例如作者在写完"最重要部分"后，似乎完全是为了卖弄文字，又在最后加上两段："至于回忆和希望的关系，我们或许可以这样说：回忆毕竟是远了、暗了的暮霭；希望才是近了、亮了的晨光。//啊，人啊，多一点希望，多一点晨光……"竟把文意又扯回到回忆与憧憬的问题上去了，尤其是最后一段，只讲晨光只讲憧憬，把回忆、把比重占百分之九十五的把握现时全谈丢了。

（2002 年）

附：《人是什么》（节选）

赵鑫珊

……

我想，人是由三部分组成的：对往事的追忆，对现时的把握和对未来的憧憬。

人到中年，多半就是这考虑的。18 岁的青年，大概只有憧憬；80 岁的老人，多半只剩回忆；至于一个四十岁的中年人，往往就来回摆动在憧憬和回忆之间。但是，不管是谁，对眼前现时的把握，都应该是重点；作为整体的第二个部分，作为中间环节，它的比重应该占百分之九十五。

……

再让我们来谈谈构成人的最重要部分——对现实的把握吧！

现实是什么？

现代西方逻辑实证主义哲学家和操作主义物理学家都思索过这个问题。爱因斯坦也为这个问题伤透了脑筋。爱因斯坦认为，"现时"的经验是人所专有的东西，是同过去和将来在本质上都不同的东西，然而这种重大差别在物理学中并不出现，也不可能出现。这种经验不能为科学所掌握、对他来说，似乎是一件痛苦但又无可奈何的事。

对我们这些不是物理学家的人来说，自然没有必要去为"现时"的物理意义而坐立不安。我们只满足于对"现时"作日常经验的理解："现时"的经验是每人所专有的东西，每个人都有自己的"现时"，每个人对过去、现在和将来都持有不同的态度。

至于笔者，则把现时（当前）看成是小学算术课本上的1，对未来的憧憬则看成是0。每个小学生都懂得：0的位置是很重要的。0只有在1的后面（而不是在1的前面）才能显示它的价值和分（份）量。1后面的0越多值越大。若用日常语言来说，就是：伟大志向造就伟大人物，但要以牢牢把握现时为必要的前提。"

只有珍惜、牢牢地把握现实的每一分钟，以最有效的方式振兴中华的伟大事业，才是未来美景最可靠的保证。否则，就会在一个个五光十色的希望肥皂泡中蹉跎岁月，浪费自己的青春年华。

可是，失去对往事的回忆和对未来的希望，就难以把握现时。把握不了现时的人是一个不成其为人的人，是一个丧失了自我的人。在人生和世界的激流中，他必然会像初冬从树上飘落下来的最后一片枯叶，在西风残照中孤零零地漫无目的地乱舞。

至于回忆和希望的关系，我们或许可以这样说：回忆毕竟是远了、暗了的暮霭；希望才是近了、亮了的晨光。

啊，人啊，多一点希望，多一点晨光……

读不懂的《哲学家皇帝》

对于《哲学家皇帝》，读者无法读懂，或者说，《哲学家皇帝》中所写的人事，前后矛盾，相互抵牾，读者不知该信前者，还是该信后者。究其原因，我觉得作者似乎并没有仔细想清楚自己到底在说什么，自己到底要告诉读者什么

全日制普通高级中学教科书《语文》（人民教育出版社）第六册上的《哲学家皇帝》时，对文中的几个关键问题，自己怎么也弄不明白。课堂上，我把这些问题交给学生，同他们一起研讨。而学生们给出的下面这些答案，使我更加感到《哲学家皇帝》太"哲学"了，"深奥"得令人没法清楚它到底在说什么。

先把我的问题及学生的解答综述如下：

我的问题是："哲学家皇帝"是一种什么样的人？这种"皇帝"是怎样教育出来的？哪国哪时的教育最符合"训练"哲学家皇帝的"训练"要求？

对于第一、二两问，同学们分成甲乙两派，他们在课文中找出了截然相反的答案。甲派说：像美国的孩子就可以称为哲学家皇帝。因为课文里明明白白地告诉了我们：美国的孩子在学生时代经受了"受苦"教育，"这种教育让每一个学生不由自主地知道了什么是生活，也知道了什么是人生。所以美国孩子，永远独立、勇敢、自尊，像个哲学家帝王。"乙派同样从课文中找到了根据，说美国的教育最多能训练出半吊子的"哲学家皇帝"，因为"哲学家皇帝不仅要受苦，还要有一种训练，使他具有雄伟的抱负与远大的眼光，可惜这一点，美国教育太忽略了。忽略的程度令人可哀""在哲学家皇帝的训练中，勤

苦自立，体验生活那一部分，美国的教育与社会所赋予青年的，足够了，而在人文的训练上却差得太多。"这些话不又明白无误地说明了美国的教育是"训练"不出哲学家皇帝吗？

对于第三问，同学们几乎一致认为中国"文化大革命"时的教育最符合训练哲学家皇帝的训练要求。那时，知识青年上山下乡，在农村"战天斗地"，"滚一身泥巴练一颗红心"，接受的"受苦"教育大概是空前绝后的，而"站在家门口，胸怀全世界""解放全人类"一类口号更充分体现了非常重视培养具有"雄伟抱负与远大眼光"的训练了。

呜呼，《哲学家皇帝》特别强调的"民主确实需要全国国民都有'哲学家皇帝'的训练"，在学生心目中，这种训练竟是极端专制时期的摒弃教育的那种所谓的贫下中农的再教育。

《哲学家皇帝》除了上述的观点很不明确，甚至前后矛盾外，还有其他好些问题也是令人莫名其妙的。例如当兵出身的"我"和美国的大学生一起工作，"我"累得只觉得"已累瘫下来"，累得头脑中昏昏沉沉，成了"疲倦不堪的动物"，而美国的学生却"异口同声地说：'这里可能是最清闲的。'"难道为了反衬美国学生能吃苦受累就得把中国兵贬低成这样不堪一"累"娇生惯养的羸弱者？又如"我在此三四个月的观感，可以说，美国学生很少看报的。送报而不看报，这是件令人不可思议的事。""观感"是观察观看后的感觉感想，"美国学生很少看报"，到底是作者观察观看到的事实，还是仅是作者的一种感觉感想呢？送报不看报，这是常见的，邮递员和卖报的天天送报卖报，这是他们的工作，他们在工作时没看报，又有什么大惊小怪的？难道为了突出美国"人文训练上却差得太多"，就故意把一件在各国都司空见惯的小事夸大成是件"不可思议"的"令人可哀"的大事？这不正如为了说明美国学生能"受苦"，就不惜把军队出身的中国人写成不堪一累的"东亚病夫"一样，让读者难以信服，难以接受。

"知人则哲"，《哲学家皇帝》自身又"哲"在哪里？读着"不可思议""令人可哀""一个个美国孩子……像个哲学家帝王"和"瘫下来""半躺着一个下工后疲倦不堪的动物"等话，谁能清楚"哲学家皇帝"到底是什么样的人？

谁能相信作者真正认知和了解美国的孩子、青年和中国的"兵"？既然如此，读者又怎能从《哲学家皇帝》中得到什么真实可信的知识？因此，我认为：《哲学家皇帝》，读者无法读懂，或者说，《哲学家皇帝》中所写的人事，前后矛盾，相互抵牾，读者不知该信前者，还是该信后者。究其原因，我觉得作者似乎并没有仔细想清楚自己到底在说什么，自己到底要告诉读者什么。

（2002 年）

附：《哲学家皇帝》
陈之藩

到此工作已半月，不像是做工，像是恢复了以前当兵的生活。如果我们中国还可以找出这样紧张的工作，那只有在军队里了。同事里有刚从韩国当兵回来的，有远从加州大学来的学生。我问他们，美国做工全这样紧张吗？他们异口同声地说："这里可能是最清闲的。"

如不置身其中，可能怎样说也不容易说明白。一日，在日光下整整推上八小时的草，或在小雨中漆上八小时的墙，下山以后，只觉得这个人已瘫下来，比行军八小时还累。

今天下工后，已近黄昏，我坐在湖边对着远天遐想。这个环境美得像首诗，也像幅画。大匠造物时，全用蓝色画成了这个"太平湖"。第一笔用淡蓝画出湖水；第二笔加了一些颜色，用深蓝画出青山；第三笔减去一些颜色，用浅蓝画出天空来。三笔的静静画幅中，半躺着一个下工后疲倦不堪的动物。我想整个美国的山水人物画，都可以以此为代表。

虽然，眼前景色这样静，这样美，但我脑筋中依然是这一日中，同事们的紧张面孔与急促步伐的影子。我的脉搏好像还在加速的跳动。我昏昏沉沉的头脑中得到这样一个结论："这样拼命地工作，这个国家当然会强。"

中学生送牛奶，送报；大学生做苦力，做苦工，已经是太习惯了的事。这些工作已经变成了教育中的一部分。这种教育是让每一个学生不由自主的知道了什么是生活，也知道了什么是人生。所以一个个美国孩子，永远独立、勇敢、自尊，像个哲学家帝王。

希腊哲人，想出一种训练皇帝的办法，这种办法是让他"从生硬的现实上挫断足胫再站起来，从高傲的眉毛下滴下汗珠来赚取自己的衣食"。这是作帝王必经的训练，可惜欧洲从未实行过这种理想。没有想到，新大陆上，却无形中在实践这句话，每一个青年，全在无形中接受这样皇帝的训练。

作卑微的工作，树高傲之自尊，变成了风气以后，峥嵘的现象有时是难以置信的。耶鲁大学有个学生，父亲遗产30万美金，他拒绝接受。他说："我有两只手，一个头，已够了。"报纸上说："父亲是个成功的创业者，儿子真正继承了父亲的精神。

青年们一切以自己为出发，承受人生所应有的负担，享受人生应有的快乐。青年们的偶像不是叱咤风云的流血家，而是勤苦自力的创业者，富兰克林自传，是每个人奉为圭臬的经典。

我们试听他们的歌声，都是钢铁般的声响的：

——人生是一奋斗的战场

到处充满了血滴与火光

不要作一甘受宰割的牛羊

在战斗中，要精神焕发，要步伐昂扬

——郎法罗

我很钦佩在绿色的大地上，金色的阳光中，一个个忙碌得面颊呈现红色的青年。

然而，我在湖边凝想了半天，我总觉得，这个美国青年画幅里面还缺少一些东西。什么东西，我不太能指出，大概是文人的素养吧。我在此三四个月的观感，可以说；美国学生很少看报的。送报而不看报，这是件令人不可思议的事。

哲学家皇帝，不仅要受苦，还要有一种训练，使他具有雄伟的抱负与远大的眼光，可惜这一点，美国教育是太忽略了。忽略的程度令人可哀。

爱因斯坦说："专家还不是训练有素的狗？"这话并不是偶然而发的，多少门专家都是人事不知的狗，这种现象是会窒息死一种文化的。

民主，并不是"一群会投票的驴"；民主确实需要全国国民都有"哲学家皇帝"的训练，在哲学家皇帝的训练中，勤苦自力，体验生活那一部分，美国的教育与社会所赋予青年的，足够了；而在人文的训练上却差得太多。

晚风袭来，湖水清澈如镜，青山恬淡如诗，我的思想也逐渐澄明而宁静。

天暗下来，星光，一个一个的亮了。

1955 年 7 月 2 日于纽约州平湖

"旱季高原之美"美在何处
——评《旱季高原》

作者看到旱季高原的真实情景是数月无雨，烈日如火，土地冒烟，柏油路几欲熔融，土路上尘土呛鼻，人们鼻子淌血；看到的是"攀附在土地表面的野草闲花"都干枯了，田土上的庄稼也一定干枯了。干旱，对农民来说，是灾难，它比自己身上长的无名肿毒还可怕可恶。《旱季高原》赞颂旱季高原"放肆甚至过量地亲近阳光"的"热烈、奔放与辉煌"，赞颂严旱炎热，这无异于把无名肿毒写成"红肿之处，艳若桃花；溃烂之时，美如乳酪"，干旱地区的农民是难以接受的。

《新语文读本》高中卷5（钱理群、王尚文主编，广西教育出版社，2010年第14次印刷）中选有作家汤世杰的《旱季高原》，编者在"阅读建议"中说"作者动情地向我们讲述他所领悟的'高原的自然哲学'，描绘了他所发现的'旱季高原之美'。"但我们耐着性子读完了这篇三千七百多字的长文，除了"旱季无疑又是高原最好的季节。傣族的泼水节、白族的三月街、彝族的采花山……节日一个跟着一个"的事例，和"旱季则要干爽明快、通达耿直得多……旱季就是个顶天立地、说一不二的汉子"，它"粗粝、豪放、博大、开阔"等空洞抽象的赞辞外，实在看不出"旱季高原之美"美在何处。即使在作者大书特书的高原的旱季"像所有独具创见的艺术家"的艺术品那一大段中，我们也读不出旱季高原之美，反而觉得它很丑陋很讨厌很可怕。作者写道：

"旱季高原，烈日如火，数月无雨，空气像一块晾得太久的毛巾，连最后一缕水汽也已被抽干吮尽，稍有扰动，便会发出唰唰唰的、撕裂一般的响声。远远看去，土地冒着淡淡的白烟，叫人想起锅里正在烤制的煎饼，似乎还能闻到一股隐隐的糊香味儿。柏油公路在太阳的熏烤下几欲熔融、流淌，看上去就像一条随时都会开动的肮脏的、黑乎乎的传送带。乡村土路上，牛车的木轮吱吱嘎嘎，把干硬得像卵石一样的牛粪、马粪和雨季留下的、蜿蜒如同长城的辙沟一起，精心地碾成盈尺厚的灰土，等雨季到来，便再一次被搅和成黏稠的稀泥。而从它们身边延伸出去的、蛛网一样的村寨小路则像被晒蔫了的蛇，迅速地风化着，一踩就是一团黄灰。无论走到哪里，空气里都有一股呛人的尘土的味道。而几乎在每一条路边，树木花草奋力抽出的鲜嫩亮丽都好景不长，转眼就蒙上了厚厚的灰土，变得面目全非，就像刚刚从地底下挖出来的文物。天气干燥，陡然来这里住上几天的外地人，或许会在某天早晨吃惊地发现自己的鼻子已开始淌血……"

　　看，旱季高原数月无雨，烈日如火，土地冒烟，柏油路几欲熔融，土路上尘土呛鼻，鼻子淌血……如此恶劣的气候，如此丑陋的境景，能说是美吗？

　　在文中，我们似乎感觉作者对旱季高原并无真切具体的美感，因此也就说不出旱季高原之美美在何处。似乎是被逼作文，无可奈何，只好说些空洞抽象的话，甚至不惜采用下策，极力地去丑化与高原旱季相对的高原雨季，说"雨季像个阴险小人"，说它"拖泥带水、暧昧含混甚至阴险狡狯"，说它"非常小家子气"，是"市俗的、廉价的、脂粉气十足"，把高原雨季贬得面目可憎，心术可恶。但是读者读着，觉得作者用这种龌龊恶毒的语言来反衬旱季高原之美，其效果适得其反，而对高原雨季的诋毁之语都是越骂越显得它靓。如：

　　雨季是世俗的。在跟旱季高原的多年交往中我终于发现，对那种市俗的、廉价的、脂粉气十足的装扮，高原是鄙视的、弃绝的，它并不大喊大叫，只默默地隐忍着，等雨季一过，便轻轻一抖，将那些妖艳忸怩的小花小草扔得无影无踪。旱季高原钟情的是那种钟天地之灵秀的大智大美：如果它是一个正当盛年的壮汉，莽莽的原始森林就是它茂密的毛发；如果它是一个百战不殆的拳王，就只以金沙江、澜沧江做它搏击的腰带……

在这段话中，作者极力赞美旱季高原是个"正当盛年的壮汉"，在读者眼中，它无异于是自以为是、冷酷无情、忘恩负义的负心汉！他鄙视弃绝雨季给他的装扮，无情地虐杀抛弃小花小草，它竟无视它的"毛发"，它的"腰带"等，全是雨季给它的。要是没有雨季，能有"莽莽的原始森林"做它茂密的毛发？能有金沙江、澜沧江做它搏击的腰带？

作者看到旱季高原的真实情景是数月无雨，烈日如火，土地冒烟，柏油路几欲熔融，土路上尘土呛鼻，人们鼻子淌血。看到的是"攀附在土地表面的野草闲花"都干枯了，田土上的庄稼也一定干枯了。干旱，对农民来说，是灾难，，它比自己身上长的无名肿毒还可怕可恶。《旱季高原》赞颂旱季高原"放肆甚至过量地亲近阳光"的"热烈、奔放与辉煌"，赞颂严旱炎热，这无异于把无名肿毒写成"红肿之处，艳若桃花；溃烂之时，美如乳酪"，干旱地区的农民是难以接受的。"赤日炎炎似火烧，野田禾稻半枯焦；农夫心内如汤煮，公子王孙把扇摇"，在稻禾枯焦、农民心里如汤煮的时候，充当摇扇的王孙公子，赞颂炎炎赤日，无视农民的疾苦，是很不妥的。

（2013 年 8 月）

附：《旱季高原》

汤世杰

对于已被轻柔、呵护、缠绵、缱绻这类字眼宠坏了的现代人来说，"旱季"这个字眼听上去肯定不像"雨季"那么滋润入耳，它给人的感觉是干枯、燥热、汗流浃背、灰尘满天，无论哪一种都不大美妙。然而，高原的自然哲学是独特的、自成一家的。就像毕加索的作品，复杂或许会变得简单，而简单又会被弄得复杂一样，在高原，季节并不能按通常的逻辑去诠释。比如，春夏秋冬一年四季，就先被简化成了雨季和旱季这两季，一季就是半年。从头年十二月直到第二年的五月，干热的旱季是漫长的，就像阴湿的雨季是漫长的一样。高原的春天恰好就在旱季里到来，这时，湿漉漉的雨季早已成了遥远的记忆。但随后，当我们要对季节做出评判时，事情却显出了它复杂的一面。你会发现，已被诗人们津津乐道、翻来覆去写得体无完肤的雨季，并不像他们廉价赞美的那样充满了诗情画意。真正悟透了旱季之后，你反倒会从这个枯干的字眼里品读出别一种粗犷和湿润。不错，许多人喜欢旱季，一如他们喜欢春天，何况，高原的春天正值旱季呢？我正是那些人中的一个，为此我真感到无上荣幸。当我说春天适于远行时，我其实是在说旱季才是出行的季节。事实上，高原人在邀请远方的朋友来作客时总是说，你最好能赶在雨季之前来，一到雨季，你就寸步难行了——他们绝没有骗你、吓唬你，他们说的是实话，简直就称得上是真知灼见。

是的，春天是美妙的，但春天是多种多样的，此春天跟彼春天并不一样。当北方还没有脱下臃肿肮脏的雪袍，柳枝还只敢半睁半闭它柔嫩的芽眼，以防冷不丁扑来的寒潮凛冽、锐利的袭击；当杏花春雨的江南，飘洒的细雨像蚕儿吐出的缕缕丝线，执意要把江南织成一个精巧透明的蚕茧，大地伸出千万把花一样开放的油纸伞，小心翼翼地忍受着梅雨没完没了的淫虐，却依然四处一片泥泞……这时，春天早就沿着大大小小的山岭浩浩荡荡、大大咧咧地来到了高原。没有斜风细雨，没有莺飞草长，高原的春天是干热枯焦、风尘仆仆的，甚至可以说是粗糙的、丑陋的；尽管也有花红叶绿，石缝里也会冒出一茎倔强的新绿，但高原的春天永远不会像江南那样矫情放纵：满目皆是亮眼的绿，甚而连每个叶片上都挂着一个湿漉漉而又明晃晃的太阳。高原的旱季似乎从一开头就不怎么讨人喜欢，就像所有独具创见的艺术家一开头都会遭到世俗的非难一样。烈日如火，数月无雨，空气像一块晾得太久的毛巾，连最后一缕水汽也已被抽干吮尽，稍有扰动，便会发出唰唰唰的、撕裂一般的响声。远远看去，土地冒着淡淡的白烟，叫人想起锅里正在烤制的煎饼，似乎还能闻到一股隐隐的糊香味儿。柏油公路在太阳的熏烤下几欲熔融、流淌，看上去就像一条随时都会开动的肮脏的、黑乎乎的传送带。乡村土路上，牛车的木轮吱吱嘎嘎，把干硬得像卵石一样的牛粪、马粪和雨季留下的、蜿蜒如同长城的辙沟一起，精心地碾成盈尺厚的灰土，等雨季到来，便再一次被搅和成黏稠的稀泥。而从它们身边延伸出去的、蛛网一样的村寨小路则像被晒蔫了的蛇，迅速地风化着，一踩就是一团黄灰。无论走到哪里，空气里都有一股呛人的尘土的味道。而几乎在每一条路边，树木花草奋力抽出的鲜嫩亮丽都好景不长，转眼就蒙上了厚厚的灰土，变得面目全非，就像刚刚从地底下挖出来的文物。天气干燥，陡然来这里住上几天的外地人，或许会在某天早晨吃惊地发现自己的鼻子已开始淌血……

　　但旱季无疑又是高原最好的季节。傣族的泼水节、白族的三月街、彝族的采花山……节日一个跟着一个。当诸多民族都不约而同地在旱季举行他们一年一度的生命狂欢时，看来事情就绝非偶然，其间洋溢着的，无疑是对终于摆脱了雨季的庆幸和欢欣——惟有这时，他们才可以撒开大步在高原自由地行走，自由地舞蹈和歌唱，他们再也无须顾及他们漂亮的发辫会被淋湿，也不用担心双脚会踩进淤泥而不能尽情地蹦跳，嘴里会被灌进冰凉苦涩的雨水而不能放开喉咙大声歌唱。他们深知这是他们最轻松也最自由的季节，一到雨季，那些挂在半空中、悬崖下的望天田将等着他们去耕种，那时他们会跟整个高原一样，被绵绵无尽的雨水淋得像只落汤鸡。乡村土路泥泞不堪，而且极有可能在某天早晨就突然变成一条乖戾无常、汹涌湍急的季节河，气势汹汹地阻断他们前行的道路；除了鸟儿，你就休想前行一步。污浊的积水在原野和丛林里汇成的沼泽和泥潭就更加糟糕也更其可怕，它们几乎每一个都是深不可测的陷阱。在那些阴霾潮湿的日子里，丛林里潜伏窥伺多时的刺棵、藤萝、毒草像阴谋家一样地孳生蔓延、蜂拥而上，试图绞杀一棵又一棵参天大树……作为雨季的走卒，蚊蝇趁着潮湿疯狂地交配繁殖，一只蚊子也许在一个晚上就能变成一个庞大的"轰炸机群"，无论你走到哪里，都无法逃脱它们嗡嗡嘤嘤的围追堵截。雨季因而不是出行的季节，连最伟大最有经验的猎人也只能待在家里，一遍又一遍地擦拭他的猎枪。其实又何止猎人？多少年前，高原之南那场时有时无又没完没了的战争，一个个大战役都精心地选定在旱季开始，也在旱季里结束——战争的游戏如果安排在雨季，就再也不是游戏，只会变成一场真正的玩命；于是双方才以雨季的名义达成一项不成文的协议，各自偃旗息鼓，养精蓄锐，等着旱季的到来……

是的，雨季真的不是出行的季节。那时，人们眼巴巴地盼望着雨季的结束和旱季的到来。他们知道，跟雨季的拖泥带水、暧昧含混甚至阴险狡狯相比，旱季则要干爽明快、通达耿直得多——如果雨季像个阴险小人，旱季就是个顶天立地、说一不二的汉子。尽管酷热难耐，但作为对阴郁的、潮湿的、让人心都要长毛的雨季的反拨和补偿，惟有在旱季里，高原才有一年一度不可缺少的热烈、奔放与辉煌，人们才得以放肆甚至过量地亲近阳光，否则，他们就难以在随后到来的雨季中，凭着心中储存的热烈与光明，熬过那些阴沉、晦暗、不明不白、漫漫长夜似的时光。

这就是旱季和旱季的高原：空旷，赤裸，随时都毫无遮掩地展示在你面前，让你无论从哪个方向朝它投去目光，都能看到它真实伟岸的身影，而真实已是我们这个世纪最昂贵的奢侈品。雨季就大不一样了，淫靡的雨水把高原的每条沟壑、每道岩缝都填得满满当当，空气因充满了水汽而变得黏稠致密，高原开阔的空间转眼就变得拥挤起来；当这块粗犷的山地被雨季非常小家子气地"装扮"起来时，那模样就像一个彪形大汉被一些小花小草所包裹，显得不伦不类而又滑稽可笑。雨季是世俗的。在跟旱季高原的多年交往中我终于发现，对那种世俗的、廉价的、脂粉气十足的装扮，高原是鄙视的，弃绝的，它并不大喊大叫，只默默地隐忍着，等雨季一过，便轻轻一抖，将那些妖艳忸怩的小花小草扔得无影无踪。旱季高原钟情的是那种钟天地之灵秀的大智大美：如果它是一个正当盛年的壮汉，莽莽的原始森林就是它茂密的毛发；如果它是一个百战不殆的拳王，就只以金沙江、澜沧江做它搏击的腰带；而如果它是一个睿智而又历经沧桑的老人，那么，高原上空那满天的云絮才堪与它飞动的思绪媲美……旱季的高原总让我想起那些英勇无畏的、巨人般的斗士，即便焦渴难耐、浑身似火，也从不哼哼唧唧，向老天俯首称臣；它依然高高地挺立着，把头伸向云天之外，眺望着远方和未来；那姿势尽管有些笨拙，却在笨拙中显出了某种古雅的高贵……

自然，高原的旱季偶尔也会让我想起非洲，想起那里的沙漠和千里赤野，那些被干旱和饥饿折磨得骨瘦如柴的儿童，当然也会想起一本叫作《走出非洲》

的书里那些美妙的文字和动人的故事。尽管我有时也担心高原有朝一日会真的变成又一个非洲（但愿我的这个担心纯属多余），但高原的旱季跟非洲的干旱毕竟不同。在高原，旱季里枯干的只是攀附在土地表面的野草闲花，那些参天大树则早就把根须扎到了像历史一样深厚的土地深处。高原从不会亏待那些正直顽强的生命，问题是你必须在到达了那个境界之后，它才会捧出在头年的雨季吸得饱饱的、憋了一冬的雨水让你渴饮。天边那些大团大团的云朵，正是它为那些生命上演的优美的现代舞，它们灿烂如银，轻盈自在，跟肤色深红、憨厚持重的高原相比，看上去似乎大相径庭，其实那才是高原真正的魂魄，纯洁，美丽，对自由充满了至死不渝的渴望。

　　……春天，撑一把油纸伞在西子湖边的霏霏细雨中散步固然惬意，我倒宁愿在高原的旱季里独自上路，从那里走向远方。一个没有在旱季里走过高原的人，不能说是真正到过这片山地。我的固执想拥抱的其实是生命中那种热烈的精神。我知道，毫无疑问地，生活里也有漫长的雨季。当你在人生晦暗霉湿的雨季中待得太长太久，以至手脚酸痛、肺腑郁闷时，当你在家庭柔情滴沥的雨季里呆得腻烦生厌，以至觉得自己已是一块"注水牛肉"时，当你在温吞吞的书斋里面对稿纸而无从下笔时，总之，当你不想在生活的雨季里被潮湿无情地霉烂，不想在成就一番事业之前速朽时，你不妨出去到旱季的高原里看看走走。旱季有的是辉煌的烈日，（它常让我想起凡高的向日葵，想起那些金黄灿烂的色彩），能把我们渐渐稀释的血液晒得浓稠如初、滚热沸腾，也能把我们因缺少日照而苍白失血的面容、肌肤晒得像釉一样黝黑光亮；旱季那刮得人睁不开眼的、带着砂子的热风，能像铁砂打磨钢铁一样地磨砺我们生命的锋刃；乡野里更有粗犷热烈的山歌，能唤起我们的生命中原本不应丧失的豪情，让我们身心健康。如是，我们才会少一点江南似的纤弱、琐细，也少一点无病呻吟和目光短浅，变得粗砺、豪放、博大、开阔。是的，我宁愿在旱季里上路。我坚信我在这一季获得的教益，将足够我在人生雨季里那项庞大的支出。因而我想说，旱季尽管是干燥枯焦、风尘仆仆的，但它同时也是伟大的，不可替代的。

难以首肯的指责
——《剃光头发微》异议若

若将"时至今日，剃光头不是在政治上或人格上有什么差池的象征"的话，反过来写，指出：时至今日，却还有人把剃光头当作是在政治上或人格上差次的象征，把理发师"从美观这方面着眼"的语言或心理，改成从歧视乡下人的角度去写，从而斥责他利用"那么一点剃头权"，由歧视而为所欲为的卑劣行径。若这样，作者后面义愤填膺般的斥问，才斥得合理……

全日制普通高中教科书《语文》第六册（人民教育出版社必修本）中的《剃光头发微》是针对报载的一家理发店的理发工人拒绝给一个"乡下佬"剃平头而"发微"。但这篇文章对理发工人拒绝剃平头的事的评说有些自相矛盾，作者对理发工人"要权"的指责，使人难以首肯。下面具体谈谈笔者的看法。

为了便于行文，先简析一下本文所要引述的几个句子的语病。

"时至今日，剃光头既不是政治上或人格上有什么差池的象征，也肯定不会是因为'身体发肤，受诸父母，不敢毁伤'才舍不得剃。无非是保护头颅和美观上的讲究，这才有人不愿剃。那封读者来信中的'乡下佬'便正是为了怕剃光头太冷，才要求剃平头的。"

这段话中的第三句"正是为了怕剃光头太冷，才要求剃平头"中的"正是"说得太武断了，与前句的语意既不吻合，也不连贯。怕剃光头太冷与不敢毁伤、保护头颅、讲究美观的意思大相径庭，而"正是"竟把它们等同起来了。第一句的"差池"应该用"差次"。"差池"是参差不齐或差错之意，

"差次"才有分别等级班次尊卑贵贱之义。

在这些话中，作者认为"时至今日，剃光头既不是政治上或人格上有什么差池的象征"，但是《人民日报》刊登的"那封读者来信中"的男女理发师不给"乡下佬"理平头而要剃光头，明显就是城里人歧视乡下人，明显就是政治上或人格上还有差次的象征。"那封读者来信中"说"济南市一家理发店的理发工人，拒绝给一个'乡下佬'剃平头，认为乡下佬只配剃光头。当'乡下佬'碰了壁跑掉以后，一对男女理发师还说'乡下佬还想理平头，没门！''也不瞧瞧自己那模样！'"这"乡下佬""没门""那模样"，不是赤裸裸地表现了理发师那"差次"的嘴脸，怎不是差次的"象征"？作者似乎还为那几个男女理发师开脱责任似的：不剃光头"无非是保护头颅和美观上的讲究，这才有人不愿剃（光头）"，而"从认为'乡下佬剃平头，没门！'的理发师看来，似乎'乡下佬'的'模样'不够格，所以才配剃光头，倒是从美观这方面着眼的"这些话无异在说："乡下佬"不剃光头，理发师要给他剃光头，都是"从美观这方面着眼的"。这不也等于在说：理发师要给乡下佬剃光头，并非在政治上或人格上对他有什么歧视，仅是理发师的审美观不适于那个"怕剃光头太冷"的"乡下佬"罢了。由于作者前面的这些话，紧接下来的"为什么他可以任意决定谁该剃平头，谁只能剃光头，可以这样为所欲为？"义愤填膺怒不可遏似的斥问，就显得有些突兀，那"仅仅是一把剃刀，但掌握在他手里，就有那么一点剃头权，在这点权限里，谁撞在他手上，就得看他的嘴脸，听他的发落"等愤激的话，就似与上文不大合拍，也因之减弱了"幸亏他只有那么一点小权，如果他掌握了用人的权，配房子的权，乃至更大的权，那就不仅'乡下佬'，更多的人在更多的事上也只好'没门了'"了等话的分量。

我觉得《剃光头发微》的观点并不很明确，思路并没有很好理清。如果作者是想借理发师给"乡下佬"剃光头这回事来斥责那些有了点职权就为所欲为者，那么，作者在引述理发师"认为乡下佬只配理光头"的话和联想到隋唐以后就废止了"髡钳为城旦"的制度，"现在许多国家的罪犯也剃光头，但并非是惩罚"等事实后，就宜将"时至今日，剃光头不是在政治上或人格上有什么差池的象征"的话，反过来写，指出：时至今日，却还有人把剃光头当作是在政治上或人格上差次的象征，把理发师"从美观这方面着眼"的语言或心理，改成从歧视乡下人的角度去写，从而斥责他利用"那么一点剃头权"，由歧视而为所欲为的卑劣行径。若这样，作者后面义愤填膺般的斥问，才斥得合理，才能恰切地体现对那些"有点权就要耍"，"有点权就想戏弄"，就想胡来的人的痛恨，那"像剃光头那样地把他剃下去"的期望，才来得必然，才顺理成章，让人心服首肯。

（2002年）

附：《剃光头发微》

何满子

余生也晚，关于头发的很多惊心动魄的故事，大都来自耳食。什么清朝初年勒令汉人把发髻剃成辫子，否则"留发不留头"呀，什么清末的留学生在外国剪去了辫子，回国后要装一根辫子才能平安无事呀，等等，都未尝眼见。所以读到鲁迅的小说《头发的故事》，除了恍若有悟的吃惊以外，实在很难有切肤之痛的感受。并且，知道在旧社会，与头发关系最密切的理发工人，是颇受社会轻视的，连家谱都不许上，也就是开除出宗籍，还很为他们不平。更值得一提的是，虽然年轻时在进步的书籍里，读到太平天国起义是如何如何正义，但真正佩服太平天国的英雄，却是看到了一副据说是翼王石达开的对联以后。对联曰：

磨砺以须，问天下头颅几许；

及锋而试，看老夫手段如何？

联语的对仗既工稳，造诣又豪迈，用之于理发师，更是想象诡奇，出于意表，妙不可言。一面惊叹这位太平天国将领的不羁之才，一面也想到这位王爷对理发师的感情，不但没有旧社会上层人物那样鄙视，而且还将自己睥睨人世的豪情寄托在他们的职业风姿上，真是物与民胞，平等亲切极了。

不料，3月2日读到《人民日报》一封读者来信，却使我大大不舒服了一阵，那封来信正是关系到理发工人的。说是济南市一家理发店的理发工人，拒绝给一个"乡下佬"剃平头，认为乡下佬只配剃光头。当"乡下佬"碰了壁跑掉以后，一对男女理发师还说"乡下佬还想理平头，没门！""也不瞧瞧自己那模样！"

"乡下佬"是不是只配剃光头，以及什么模样的人才配剃平头，这问题是够深奥的，我答不上来。既答不上，也只好避开，置之勿论。我只记得古代有一种刑法，叫"髡"，那办法就是把古圣人所说的"身体发肤，受之父母，不敢毁伤"的诸种东西中之一的头发去掉；而且似乎是和罚做苦役，即今语之所谓"劳改"结合起来的，那就是"髡钳为城旦"。但那是秦制，沿用了千把年，至少到隋唐以后就废止了。现在许多国家的罪犯也剃光头，但那并非是刑罚，恐怕多半是出于习惯，或便于辨识之类；如果容许用胡适博士的考据方法，来一下"大胆假设"，还可能是由于旧社会监狱里卫生条件不好，怕犯人头发里生虱子，所以干脆让他们牛山濯濯也说不定；但要我"小心求证"却求不到。这很抱歉，胡适博士的考据方法只能学到一半。

时至今日，剃光头既不是在政治上或人格上有什么差池的象征，也肯定不会是因为"身体发肤，受之父母，不敢毁伤"，才不舍得剃光。无非是保护头颅和美观上的讲究，这才有人不愿剃。那封读者来信中的"乡下佬"便正是为了怕剃光头太冷，才要求剃平头的。但从认为"乡下佬剃平头，没门！"的理发师看来，似乎"乡下佬"的"模样"不够格，所以才配剃光头，倒是从美观这方面着眼的。当然，问题不在于什么标准，也不在于这位城里人的理发师为什么瞧不起"乡下佬"（那里面当然大有文章的），而在于为什么他可以任意决定谁该剃平头，谁只能剃光头，可以这样为所欲为？

原因简单之至，剃头刀在他手上。

这就是权，虽然仅仅是一把剃刀，但掌握在他手里，就有那么一点剃头权，在这点权限里，谁撞在他手上，就得看他的嘴脸，听他的发落。你要剃平头，没门！权在他手里，"乡下佬"只好悻悻而去，乃至悻悻也不敢悻悻。幸亏他只有那么一点小权，如果他掌握了用人的权，配房子的权，乃至更大的权，那就不仅"乡下佬"，更多的人在更多的事上也只好"没门"了。

希望少有乃至没有这种有点权就要耍的人。如果有权就想戏弄，就想顺着自己的意思胡来，那么，至少要在"读者来信"栏里让他亮亮相，直到象剃光头那样地把他剃下去。这才叫作"试看剃头者，人亦剃其头"。

无法理解的《金黄的稻束》

"暮色里，远山／围着我们的心边"，不是说"围在"，而是"围着"，不是说"心"，而是"心边"，围在心边或围着心可以理解，围着心边，实在叫人弄不清是怎么个围法……"我们"抑或是包括"我"和"母亲"，那么远山既围在"我"心边，又围在"母亲"心边，那就更不知道它是怎么围。并且，远山对"我"对"母亲"的情意难道相同？若不同，为什么两者都要围？若相同，远山的情意、母亲的形象、"我"的位置等等就根本不可理解了。

全日制普通高级中学教科书《语文》（人民教育出版社，2011 年印本）中郑敏的《金黄的稻束》，多年来，我反复阅读、思考，总无法理解这篇文章到底在表达什么意思。

先将《金黄的稻束》抄录于下：

金黄的稻束站在／割过的秋天的田里，／我想起无数个疲倦的母亲，／黄昏路上我看见那皱了的美丽的脸，／收获日的满月在／高耸的树巅上，／暮色里，远山／围着我们的心边，／没有一个雕塑能比这更静默。／肩荷着那伟大的疲倦，你们／在这伸向远远的一片／秋天的田里低首沉思，／静默。历史不过是／脚下一条流去的小河，／而你们，站在那儿，／将成为人类的一个思想。

对这首诗，主要有三处我们无法理解。

一是"稻束"束的是稻，还是稻草？

从"金黄的稻束站在／割过的秋天的田里"的"站"字看，稻束应该是脱去了谷料竖晒在田里的一把把稻草，即南方农民所说的稿。从诗中稻束的整体形象看，稻束也应该是稻草。脱去了谷粒的一把把稻草，能叫作稻束吗？语文课本的编者，大概也不明白稻束是何物，在导读中只好凭空想象，乱点鸳鸯，说"收割后的稻谷被捆成稻束"，竟把稻束说成是稻谷捆成的。再说，稻穗脱去谷粒后，留在稻草顶端的那些小干干挺直向上，即使晒枯晒干了，也不屈不挠笔挺，决不会"在这伸向远远的一片／秋天的田里低首沉思"，因此，在田里"低首"的稻束又似是穗上聚结着谷粒的稻，而不是稻草。穗上聚结着谷粒的稻，稻穗向下弯垂，才可拟写为低首沉思。诗中稻草和稻穗的形象混淆不清。

二是稻束的脚下怎么会有一条流去的小河？

"静默。静默。历史也不过是／脚下一条流去的小河"，根据前后的诗句去理解，那"脚下"显然是指稻束的脚下。稻束是站在田里，难道田里有一条小河吗？一条小河从稻田里穿过，一个个稻束立在小河的边上，这样的画面叫人败兴，也令人担忧：软弱无力的"稻束"随时都可能掉进小河，葬身水中，还怎能指望它们"肩荷着那伟大的疲倦"？

三是"围着"心边，是怎么个围法？

"暮色里，远山／围着我们的心边"，不是说"围在"，而是"围着"，不是说"心"，而是"心边"，围在心边或围着心可以理解，围着心边，实在叫人弄不清是怎么个围法。另外，这首诗开头说的是"我想"，此处突然来个"我们"令人不解。诗中写的明明是诗人个人的所见所感所想，难道他人也会同诗人一样感到远山"围着"自己的心边，看到田里的稻束脚下有一条流去的小河？"我们"抑或是包括"我"和"母亲"，那么远山既围在"我"心边，又围在"母亲"心边，那就更不知道它是怎么围。并且，远山对"我"对"母亲"的情意难道相同？若不同，为什么两者都要围？若相同，远山的情意、母亲的形象、"我"的位置等等就根本不可理解了。

《金黄的稻束》曾被选作 2000 年高考全国卷中的语文阅读文，从而从这首莫明其妙的诗中命出了第 9 至 10 两道莫明其妙的选择题。当年我对此写了《选诗欠妥命题不当——2000年高考语文卷中第9-10题质疑》一文，我并将它投寄过两家语文报刊，不知是否因为是国考的文题，编辑为上者尊者讳，不便用，还是其他什么原因，稿件似石沉海底。语文编者大概因为《金黄的稻束》被选入了高考试卷中，没经细看，认为必定是美文佳作，从而又将它选作课文。这也足见名人名文中的弊病若不指摘出来，必然谬误流传，贻害不浅。

（2013年）

附：《选诗欠妥 命题不当
——2000年高考语文卷中第9-10题质疑》

我是一个高中语文教师，可今年高考全国卷中的语文卷的《金黄的稻束》这首诗以及根据它出的第9—10两道选择题，我怎么也理解不了。我请教我校其他语文老师，我的疑问也没有一个能够解答。可见，要是我们语文教师去选答那两道题也只能乱点鸳鸯，盲目填项。现将我的疑问写出来，就教于命题者及大方之家。

先将《金黄的稻束》抄录于下：

金黄的稻束站在 / 割过的秋天的田里，/ 我想起无数个疲倦的母亲，/ 黄昏路上我看见那皱了的美丽的脸，/ 收获日的满月在 / 高耸的树巅上，/ 暮色里，远山 / 围着我们的心边，/ 没有一个雕塑能比这更静默。/ 肩荷着那伟大的疲倦，你们 / 在这伸向远远的一片 / 秋天的田里低首沉思，/ 静默。历史不过是 / 脚下一条流去的小河，/ 而你们，站在那儿，/ 将成为人类的一个思想。

对这首诗，主要有三处我们无法理解。

一是"稻束"束的是稻，还是稻草？

从"金黄的稻束站在 / 割过的秋天的田里"的"站"字看，稻束应该是脱去了谷粒竖晒在田里的一把把稻草，从诗中稻束的整体形象看，稻束也应该是稻草。可是脱去了谷粒的一把把稻草，能叫作稻束吗？再说，稻穗脱去谷粒后，留在稻草顶端的那些小干干挺直向上，即使晒枯晒干了，也不屈不挠笔挺，决不会"在这伸向远远的一片／秋天的田里低首沉思"，因此，在田里"低首"的稻束又似是穗上聚结着谷粒的稻，而不是稻草。穗上聚结着谷粒的稻，稻穗向下弯垂，才可拟写为低首沉思。

也许是我们视野狭窄，其他地方有"低首"的稻草，只是我们没有见过；也许是我们孤陋寡闻，稻草还可叫"稻束"，只是我们没听过。但是，和我们一样视野不广见闻不多的高中生很少。要是他们将稻束当成农民们边割边用稻叶缠束的一把把稻，从而导致对本来就难以理解的这首诗及试题，更加莫名其妙，选项更加无法捉摸，那岂不冤枉。

二是稻束的脚下怎么会有一条流去的小河？

"静默。静默。历史也不过是／脚下一条流去的小河"，根据前后的诗句去理解，那"脚下"显然是指稻束的脚下。稻束是站在田里，难道田里有一条小河吗？一条小河从稻田里穿过，一个个稻束站在小河的边上，这样的画面叫人败兴，也令人担忧：软弱无力的"稻束"随时都可能掉进小河，葬身水中，还怎能指望它们"肩荷着那伟大的疲倦"？

三是"围着"心边，是怎么个围法？

"暮色里，远山／围着我们的心边"，不是说"围在"，而是"围着"，不是说"心"，而是"心边"，围在心边或围着心可以理解，围着心边，实在叫人弄不清是怎么个围法。另外，这首诗开头说的是"我想"，此处突然来个"我们"也令人不解。诗中写的明明是诗人个人的所见所感所想，难道他人也会同诗人一样感到远山"围着"自己的心边，看到田里的稻束脚下有一条流去的小河？"我们"抑或是包括"我"和"母亲"，那么远山既围在"我"心边，又围在"母亲"心边，那就更不知道它是怎么围。并且，远山对"我"、对"母亲"的情意难道相同？若不同，为什么两者都要围？若相同，远山的情意、母亲的形象、"我"的位置等等就根本不可理解了。

下面让我们看看命题者对这首诗又是怎样理解和赏析。

先看第10题，其题干是"对这首诗的赏析，不恰当的一项是"，试卷的答案告诉我们 ABCD 四个选项中，不恰当的是 D，那么，ABC 当然就是恰当的了。但我们却无法明白它们何以是恰当的。

"A. 诗歌以金黄的稻束为中心形象展开联想，通过稻田、路上、天空、远山等空间性的位移，传达一个时间性的主题，——对劳动中生命力的消逝的沉思。"我问过我的学生和同事：如果不是命题者说这首诗"传达"的主题是"对劳动中生命力的消逝的沉思"的话，你能赏析出这首诗是这么个主题么？被问者都是摇头派。看了答案，诗中究竟是怎样"传达"了这么个主题，我们也根本弄不清个所以然。

我们平日对学生说：对文学作品理解和赏析，一千个读者，往往有一千个哈姆莱特。例如《金黄的稻束》，我读后，以为这首诗意在讴歌母亲的奉献，赞颂母亲的伟大；我以为在田中孕穗、结实、把稻粒全部奉献出来的稻束是象征比喻为子女奉献了一切，已走在人生的黄昏路上的母亲，她们的身体尽管衰老虚弱得像把稻草，却仍然顽强地支撑着，站在孕育着儿女，奉献了一切的"田里"回忆，体味，沉思，遐想……现在高考语文卷却给我们统一主题，统一"传达"，统一思想，统一答案！而这答案令人莫名其妙。这样统一会把语文教学导向哪里？这很使我们语文教师感到困惑、忧虑。

"B. 诗歌赋予'金黄的稻束'以积极、强烈的视觉印象和消极、'静默'无言的听觉感受，意在利用两者的不协调，把关注点从外在画面转向内在的生命感受。"稻束"肩荷着那伟大的疲倦"，给人以积极的视觉印象，但在"秋天的田里低首沉思，/静默。静默"，怎么就是在听觉上给人以消极的感受？静默，沉思，难道不能体现一种深沉、深刻，一种积极回忆体味、反思求索吗？假如我们设想静默就是消极，设想稻束在静默沉思中悲伤：我将果实全部奉献了后，现在被遗弃在田里的小河边上……这设想消极倒是消极，但这种消极，显然是设想者强加在金黄的稻束上的不实之词。把静默与肩荷，所思与所行，理解成和谐统一，而不是理解成不协调，"稻束"的形象才会显得完整丰满，母亲的皱脸才会显得美丽。

"C. '金黄的稻束''收获日的满月'等形象都具有圆满的意味，但诗歌未写收获日的快慰和满足，却引人思考劳动者母亲的疲倦。"

142

"D.'肩荷着那伟大的疲倦'一句中的主体，应该是美丽的母亲，而不是如雕塑一样站在'秋天的田里'沉思的'稻束'。"

答案告诉我们 C 项恰当，D 项不恰当。根据 C 项中"母亲的疲倦"和 D 项中"肩荷着那伟大的疲倦"的诗句去理解，D 项恰当的说法大概是将"是"与"不是"互换位子，即肩荷着那伟大的疲倦的不是母亲而是稻束。从题目中可看出，命题者和诗人一样，对稻束是很欣赏的，很赞美的。但是我们认为，诗人选一束稻草来肩荷着那伟大的疲倦，简直荒唐可笑。因为秋天田里的稻草，不似高粱黍米小麦等的秸秆，更不似果树，它们把果实奉献完后，不怕日晒雨淋风摧霜压，仍然倔强地站立着，顽强地"肩荷着那伟大的疲倦"。而田中日晒干了或雨淋湿了的稻草软绵绵的，农民形容一个人软弱无力，往往说："你像把稻草一样。"用稻草来比喻象征劳动者母亲，只能使人联想暮年的母亲的衰老、疲惫、虚弱，令人怜悯叹伤。任"稻草"去肩荷着那伟大的疲倦，母亲的儿女们于心何忍？孝心和良心何在？选一把稻草象征比喻母亲，"肩荷着那伟大的疲倦"，我认为是选错了对象。稻草在日晒雨淋中必然疲倦得软蹋而趴在地上，还怎能去"肩荷着那伟大的疲倦"？

现在回过头来看看第 9 题。

"9、对这首诗的解说，不恰当的一项是

A、'金黄的稻束站在 / 割过的秋天的田里'一句涉及的时间，从全诗看，除了'秋天'外，还隐指'暮色'降临之前。

B、'黄昏路上我看见那皱了的美丽的脸'，把'皱'与'美丽'并列，寓有讴歌母亲的劳动和感叹时光流逝之意。

C、（略）

D、"历史也不过是 / 脚下一条流去的小河，这实际上说是稻束'低首沉思'的内容。"

答案告诉我们，本题不恰当的一项是 D。如果我对第 10 题提出的质疑和看法不无道理的话，我们就不难看出 A、B 两项"隐指"、"寓有"的解说也是不恰当的，是牵强附会的，是想当然的。诗中明写了"黄昏路上"、"暮色里"，怎么还说"从全诗看，除了'秋天'外，还隐指'暮色'降临之意？"

143

若说"隐指"，那只能是秋天、黄昏、暮色"隐指"母亲生命的秋天和暮年。由此也可知："黄昏路上我看见那皱了的美丽的脸"，主要的不是"讴歌母亲的劳动和感叹时光流逝之意"，而是刻画把自己的全部"谷粒"奉献完后的暮年母亲的形象，赞美母亲的伟大，表达对母亲感激敬仰爱戴之情。因此，我认为 A、B 两项的理解不恰当。而 D，相对而言，我认为它比 A、B 要恰当。"静默。静默。历史也不过是／脚下一条流去的小河，／而你们，站在那儿，／将成为人类的一个思想。"这几行固然是诗人的议论和抒情，但同时把它看成是稻束沉思的内容是无不可的。稻束象征比喻年老的母亲，既然脚下有条小河，暮年沉思，回顾一生，触景生情，产生"逝者如斯夫"的联想，不是顺理成章么？因此我认为第 9 题，除 C 项外，其余三项的表述或答案不恰当或不全恰当。

综上所述，我们认为《金黄的稻束》选把稻草来象征比喻伟大的母亲，命题者选表意让人莫名其妙的诗歌来赏析命题，高考选令人弄不明白的题目来考学生，也全选得不恰当。

（2000 年）

《致同学们》有两处瑕疵

人民教育出版社的普通高中课程标准实验教科书《语文》（选修，2006年版，2012年第15次印刷）中的《致同学们》，有两处词语表意不准或不妥，现简析于下。

一、"选修课程是在必修课程的基础上的拓展与提高，有的侧重于实际应用，有的着眼于鉴赏陶冶，有的旨在探索研究，提供了更大空间。"这话中的"选修课程"显然是指选修语文这个学科，中间的三个"有的"，应该都包含在"选修课程"即语文学科之内。但句中竟把"语文"一个学科分成了三个学科来陈述。这一变三的来历必须有所交代，否则，"有的"显得突兀，不好理解。选修的语文学科与三个"有的"，它们是包含与被包含的关系，是干与枝的关系，是纲与目的关系，"有的"属"选修课程"的条目，如下文中的"中国古代诗歌散文""中国现代诗歌散文""外国诗歌散文""中国小说"等，不能把目与纲等同起来相提并论，所以在第一个"有的"前应加"其中"，或在第一个"有的"后加"内容"的字样，将它们与"选修课程"区分开来。同理，后面的"这些选修课程力求能促进你们各自特长和个性的形成"，其中的"这些"宜删除。"这些选修课程"只能算是选修的语文中的中型课程或微型课程，"选修课程"这个属概念包涵了"这些选修课程"，有了"这些"，把"选修课程"的外延缩小了，表意不准确。另外，"提供"的主语，是三个"有的"，为避免被误读成为"拓展与提高""提供了更大的空间"，宜在"提供"前用"为语文学习"的字样加以明确和限定，这既表意清楚，也使语句顺畅。

二、"在必须课的基础上，深入学习中国古代诗歌散文、中国现代诗歌散文、外国诗歌散文、中国小说、外国小说、中外戏剧名著、影视名作，涵泳这些古今中外的名家名篇，将极大地拓展你们的语文视野，使你们的语文审美能力，探究能力和应用能力都得到提高。"这话中把"涵泳"一词当作及物动词来使用是不妥的。"涵泳"是"沉浸"的意思，如课本《前言》引朱熹的"涵泳玩索，久之当自见"中"涵泳玩索"说的就是沉浸于文中，饶有兴趣地探究文中义理；"涵泳"与"玩索"不是并列关系，而是承接关系，"玩索"能带宾语，而"涵泳"只能带介宾结构的补语。如左思的《吴都赋》中的"涵泳乎其中"，这"乎"就是相当于介词"在""于"。同理，摘句中的"这些古今中外的名家名篇"，是"涵泳"的补语，而不是宾语，必须在"涵泳"后加"于""在"一类介词。这句子的弊病与"忠诚党的教育""忠党忠人民"相同，都少了介词。

（2013 年）

附：《致同学们》

经过一年多的努力，你们已经顺利完成了高中语文必修阶段的学习任务，一定有不少收获。现在，将要进入高中语文学习的另一个阶段——选修课的学习。选修课程是在必修课程基础上的拓展与提高，有的侧重于实际应用，有的着眼于鉴赏陶冶，有的旨在探索研究，提供了更大的选择空间。对于雄心满怀的同学们来说，这些选修课程力求能促进你们各自特长和个性的形成，适应你们兴趣和潜能的发展，进而满足你们未来学习和就业的需要。

我们提供给大家的选修课程是丰富多样的。在必修课程的基础上，深入学习中国古代诗歌散文、中国现代诗歌散文、外国诗歌散文、中国小说、外国小说、中外戏剧名著、影视名作，涵泳这些古今中外的名家名篇，将极大地拓展你们的语文视野，使你们的语文审美能力、探究能力和应用能力都得到提高；阅读中外传记作品，将拉近你们与仁人志士的距离，启迪智慧；学习先秦诸子的犀利论辩、中国文化经典的深沉哲思，将引领你们走近先贤对人，领略这些思想家的风采；语言文字应用、演讲与辩论、文章写作与修改，将把你们带到一个奇妙的汉语世界，让你们进一步体会汉语言文字的无穷魅力；新闻阅读与实践、中国民俗文化，将使你们对语文与社会生活、与民族精神的关系有更深入的理解……

语文学习的最终目的是要全面提高语文素养，既包括精神的充实，情感的完善与人格的提升，也包括读写听说能力的养成。选修课程同样指向这一目标。和必修课程比起来，选修课的学习应当更加开放思路，发展个性，更加需要主动地学习。这套教科书只是提供了一些资源，一个平台，大家完全不必受此局限，而应尽可能将教科书与社会生活中的语文学习资源整合起来，在更广阔的范围内学习语文、运用语文、享受语文。这样，你们的语文水平就会在不知不觉中提高，并为你们的终身学习和有个性的发展奠定基础。

祝你们愉快地踏上新的语文学习之旅！

人民教育出版社课程教材研究所
中学语文课程教材研究开发中心
北京大学中文系语文教育研究所

《现代散文的小与大》曲解成语

"一叶知秋"，在人们的头脑中，它的本义是看见一片落叶就知道秋天的来临，它的比喻义是发现一点预兆就能预料到事物发展的趋向与结果；《辞海》《现代汉语词典》等辞书也全是这样诠释。"一叶知秋"是成语，众所周知，成语是一个定型的固定词组，它的意义是确定了的，不能随心所欲给它赋予新义，语文教材更不能如广告那样任意曲解和擅改成语。可是人民教育出版社的普通高中课程标准实验教科书《语文》（选修，2006 年版）中由编者写的《现代散文的小与大》，却把"一叶落而知天下秋"理解为"由微知著"。它说："古语说，'一叶落而知天下秋'，用来解说散文，实际上显示了散文由微见著的呈现方式：以细小平凡展示宏大、奇特，从局部、表象来表现整体与实质。"接着用老舍的散文《想北平》写老城墙及墙上墙根的牵牛、靠山竹、草茉莉等，"写出了这座城市的古老与苍凉"；矛盾的《天窗》"仿佛一个透镜，透过天窗上的'一粒星，一朵云'"，人们不免联想到无数闪烁的星星、奇幻的云彩，"以及无数丰富变幻的景物"，以这两文来体现"一叶落而知天下秋"，来例证"散文由微见著的呈现方式"。用《想北平》《天窗》来论证"散文由微见著的呈现方式"，是贴切的，但用它们例证"一叶落而知天下秋"就是风马牛不相及了。

也许就是因为《现代散文的小与大》把"一叶落而知天下秋"理解成"由微知著"，所以现在许多高中生和高中毕业生，以至高考阅卷的语文教师，都把"一叶知秋"这个成语等同于"见微知著"来理解应用了。2013 年有篇题名为《一叶知秋》（附文后）的高考满分作文，把"一叶知秋"当作注重细枝末节来立意行文，文中用"无论是一沙一木，还是一叶一花，总在细枝末节处隐现端倪"提出关于"细节"的话题；全文从"注重细节需要有如'尘'的心思""注重细节""是一门洞察世事的学问""懂得细节的人，往往能占尽先机"和细节有"见微知著"的作用等方面加以阐释论说。这显然是篇文不对题的作文，但获得了满分，不仅在网上广泛流传，还被作为"论说文之典范"编入一些满分作文的专辑中。可见"一叶知秋"被语文教科书曲解为"由微见著"，其影响几乎到了约定俗成的地步。若如此下去，这些定了型意义确定的成语，势必会变成随心所浴（欲）的洗澡水了。

（2013年）

附一：《现代散文的小与大》（节选）

第二，"以小见大"是指散文中一个常使用的角度——小处着墨、大处着眼，这充分体现了散文"大中取小、因小显大"的特点。这也正是散文的高妙之处。就是说，作家在写散文时，往往运笔于一事一物的细部，在不惹人注意的地方狠下功夫，却常常能够出奇制胜，发人深思，让人在细微处领会"大义"，从平凡中发现不平凡，做到体物入微，微中见大、见深，微中传神，直至微中出味。梁遇春的散文《kissingtheFire（吻火）》便是一篇小中见大、微中传神的佳作，作者没有全面介绍主人公的生平、事迹，只是截取他的生活的一些小片段——一个眼神、一个小动作来描画，但这一切令人过目难忘，慢慢体味到主人公的人生态度和精神境界。

古语说，"一叶落而知天下秋"，用来解说散文，实际上显示了散文的由微见著的呈现方式：以细小、平凡来展示宏大、奇特，从局部、表象来表现整体与实质。例如老舍的散文《想北平》，没有写北平的宫殿园林，而是借助于为一般人所忽视的细微事物，如"长着红酸枣的老城墙"，"墙上的牵牛，墙根的靠山竹与草茉莉"，甚至韭菜叶上雨水溅上的"泥点"、柿子上的"白霜"等，写出了这座城市的古老与苍凉。再如茅盾的散文《天窗》，"天窗"

仿佛一个透镜，透过天窗上的"一粒星，一朵云"，人们不免联想到无数闪烁的星星，无数山峦似的、奔马似的、巨人似的奇幻色彩，以及无数丰富变幻的景物。这或许就是人们常说的"管中窥豹"吧。

附二：《一叶知秋》

（摘自《2013年高考100篇满分作文展评》江苏一考生）

合抱之木生于毫末，九层之台起于垒土。可见无论是一沙一木，还是一叶一花，总在细枝末节处隐现端倪。【前一句是讲由小到大积少成多，"可见"后讲的是从小处就可看出事物的眉目、头绪。前后语意难相联。若将"可见"删除，则"可见"前后的话语与第二段，它们的意思才有内在的关联。】

小小的蜡烛竟会产生如此大的影响，它改变了整个山洞的环境，迫使那些斑斓的大蝴蝶只能另寻栖所【扣住考题材料发议，"小小的"与"改变""迫使"相对，意为小的不可小视，也暗含一叶知秋之意。】

一叶零落，便知秋天将至。的确，注重细节需要有如"尘"的心思。【一叶知秋比喻意是发现一点预兆就能预料预见到事物发展的趋势，并非是说心细注重细节。"的确"是很不确的。】一叶知秋这是一门洞察世事的学问，并非机械地观察记录，也不是四处探听偷窥，而是以一种至情至性的眼光来看待万物。【将"注重细节"提升为"是一门洞察世事的学问"，强调其重要性。】这几位朋友，在进洞前只有对大蝴蝶的好奇和探索，全无对生命的尊重，因而他们贸然点燃蜡烛。【与考题中所述不合：点燃蜡烛在前，见蝴蝶后则"屏住呼吸"，"唯恐惊扰"，很"尊重"蝴蝶生命。】如"尘"的心思是一种有血有肉的心灵探索，并不是高等生物对低等生物的征服。"钩帘归乳燕，穴纸出痴蝇。为鼠常留饭，怜蛾不点灯。"这是苏轼对于生命的大度。这位执铁板唱大江东去的真男儿，心中也有这种如"尘"的时刻。不过，此情并不令人费解，倘若没有这等如"尘"的心思，又怎能留下"十年生死两茫茫，不思量自难忘"的绵绵无绝的佳句？心思如"尘"，不仅需要"怜蛾不点灯"的大度与包容，还需要我们有触动事物核心的敏感。【用"大度与包容"阐释"怜蛾不点灯"

恰切，深刻。】

　　当我们有了触动事物核心的敏感时，才真正明白细节给我们带来的巨大力量，因为它可以使我们看得更多，看得更远。佛说："一花一世界，一叶一菩提"。佛独具慧眼，从一花一叶之中，看到比凡人深得多也远得多的东西。懂得细节的人，往往能占尽先机。但凡有智慧的作家，在他们的作品中总会表现出一定的先知性。同为凡人，为何他们会有这种先知性？究其原因，是他们触碰到时代的脉搏和神经，从细节出发，观凡人之不能观，悟常人之不能悟。【引用佛语，解释精当。此段讲"懂得细节的人，往往能占尽先机"。】

　　细节，总是腐朽事物的报丧者、新鲜事物的召唤人。当宗法制度在第一个诸侯国被破坏时，当文字狱兴起、抓起第一个书生时，当官僚资本主义压迫第一个民众时，当中国国门第一次被外国列强打开缝隙时，这些细小的迹象都预示着某种地覆天翻，而有智慧的中国人会毫不犹豫地见微知著，迎接变化，抓住机遇，从而成为一个时代的先驱者。【此段用事例论说论证细节有见微知著的作用。】

　　常言道："细节决定成败。"这话一点也不夸张。但凡心中怀有大爱又能关注细节的人，必能为时代所成就进而成就一个时代。【再引言强调细节的作用。】

　　合抱之木生于毫末，九层之台起于垒土。可见无论是一沙一木，还是一叶一花，总在细枝末节处隐现端倪。【前一句是讲由小到大积少成多，"可见"后讲的是从小处就看出事物的眉目、头绪。前后语意难相联。若将"可见"删除，则"可见"，前后的话语与第二段的意思才有内在的关联。】

　　小小的蜡烛竟会产生如此大的影响，它改变了整个山洞的环境，迫使那些斑斓的大蝴蝶只能另寻栖所。【扣住考题材料发议，"小小的"与"改变""迫使"相对，意为小的不可小视，也暗含一叶知秋之意。】

　　一叶零落，便知秋天将至。的确，注重细节需要有如"尘"的心思。【一叶知秋比喻意是发现一点预兆就能预料预见到事物发展的趋势，并非是说心细注重细节。"的确"是很不确的。】一叶知秋这是一门洞察世事的学问，并非机械地观察记录，也不是四处探听偷窥，而是以一种至情至性的眼光来看待万

151

物。【将"注重细节"提升为"是一门洞察世事的学问",强调其重要性。】这几位朋友,在进洞前只有对大蝴蝶的好奇和探索,全无对生命的尊重,因而他们贸然点燃蜡烛。【与考题中所述不合:点燃蜡烛在前,见蝴蝶后则"屏住呼吸","唯恐惊扰",很"尊重"蝴蝶生命。】如"尘"的心思是一种有血有肉的心灵探索,并不是高等生物对低等生物的征服。"钩帘归乳燕,穴纸出痴蝇。为鼠常留饭,怜蛾不点灯。"这是苏轼对于生命的大度。这位执铁板唱大江东去的真男儿,心中也有这种如"尘"的时刻。不过,此情并不令人费解,倘若没有这等如"尘"的心思,又怎能留下"十年生死两茫茫,不思量自难忘"的绵绵无绝的佳句?心思如"尘",不仅需要"怜蛾不点灯"的大度与包容,还需要我们有触动事物核心的敏感。【用"大度与包容"阐释"怜蛾不点灯"恰切,深刻。】

当我们有了触动事物核心的敏感时,才真正明白细节给我们带来的巨大力量,因为它可以使我们看得更多,看得更远。佛说:"一花一世界,一叶一菩提"。佛独具慧眼,从一花一叶之中,看到比凡人深得多也远得多的东西。懂得细节的人,往往能占尽先机。但凡有智慧的作家,在他们的作品中总会表现出一定的先知性。同为凡人,为何他们会有这种先知性?究其原因,是他们触碰到时代的脉搏和神经,从细节出发,观凡人之不能观,悟常人之不能悟。【引用佛语,解释精当。此段讲"懂得细节的人,往往能占尽先机"。】

细节,总是腐朽事物的报丧者、新鲜事物的召唤人。当宗法制度在第一个诸侯国被破坏时,当文字狱兴起、抓起第一个书生时,当官僚资本主义压迫第一个民众时,当中国国门第一次被外国列强打开缝隙时,这些细小的迹象都预示着某种地覆天翻,而有智慧的中国人会毫不犹豫地见微知著,迎接变化,抓住机遇,从而成为一个时代的先驱者。【此段用事例论说论证细节有见微知著的作用。】

常言道:"细节决定成败。"这话一点也不夸张。但凡心中怀有大爱又能关注细节的人,必能为时代所成就进而成就一个时代。【再引言强调细节的作用。】

152

总评:

本文开头用"无论是一沙一木,还是一叶一花,总在细枝末节处隐现端倪",提出关于"细节"的话题。全文从"注重细节需要有如'尘'的心思""注重细节""是一门洞察世事的学问""懂得细节的人,往往能占尽先机"和细节有"见微知著"的作用等方面加以论说论证。但是题目是"一叶知秋",而"一叶知秋"的比喻意是发现一点预兆就能预料预见到事物发展的趋势和结果,而作者文中所说的"细节"是指"细枝末节","一叶知秋"与文中的"注重细节"不一致,更与辞书和常人理解的"注重细节"就是着重关注细小的环节或情节不同。所以,这篇作文可以说是文不对题。

并且,它几乎也没有什么中心。他讲探险者的事,是说他们"全无对生命的尊重";引"一花一世界,一叶一菩提",说的是佛独具慧眼,能看到比凡人深得多也远得多的东西;举苏轼,则重在说他不仅有"怜蛾不点灯"的大度与包容,还有"触动事物核心的敏感。"就是在同一自然段中,也是前言不搭后语,文意松散,零乱。如第三段,共八句话,首句讲一叶知秋,第二句的"的确",却很不确,因为前句并无"注重细节需要有如'尘'的心思"之意。第三句讲注重细节"是一门洞察世事的学问",第四句讲探险者"这几位朋友","全无对生命的尊重",第五句则又重讲如"尘"的心思是什么,第六句引苏轼诗说的是"对于生命的大度",第七第八两句则说苏轼有如"尘"的心思,又因此才能写出"绵绵无绝的佳句"。八句话讲的七个意思几乎没有内在的关联。从这段话语中我们还看出小作者有一种故作高深故弄玄虚的不好文风,例"如'尘'的心思是一种有血有肉的心灵探索""心思如'尘'……还需要我们有触动事物核心的敏感"等句,看似大有深意,其实让人不知所云,因为人们很难清楚心思怎么会有血有肉;触动事物核心的敏感又到底是种什么样的敏感。又例如,说心细,不用心细如丝,而造"如'尘'的心思",似有独创性,似很新颖,殊不知"丝"细柔,有光泽,能给人美感,而"尘"龌龊、丑陋,伤人眼睛。

这篇满分作文不仅网上广泛流传,还被称作"论说文之典范"编入一些满分作文的专辑中，但它的弊病较多也较典型，现将它评说一番，就是希望同学们不要误把鱼目当珍珠，不要去照学照写。

主题不明 思路不清

——《会笑与不笑》之我见

题目"会笑与不笑",似乎是谈两者的关系,而文中,几乎没涉及"会笑",而"不笑"只是一种表象,它在文中实质是"不准笑"。"会笑"与"不笑",文中不仅没说及它们之间有什么对立或相辅相成的关系,连一个交汇点也看不到,"会笑与不笑"根本体现不出它是文章的"题"和"目"。

《新语文读本》(修订版)初中(钱理群、王尚文主编,广西教育出版社,2007 年第 13 次印刷)卷 6 中的《会笑与不笑》讲了四种笑:"会笑""不会笑""不笑""不准笑"。其中涉及"会笑"的文句只有"襁褓中的婴儿,吃饱睡好没不良干扰,几天内就会笑"这么一处;而"不会笑""不笑",文中表意都是"不笑";不笑者则不准笑,不准别人笑,不准人民笑。这自己不笑又不准别人笑者却包括了三类人。第一类是"奴隶主和封建统治者大都是一些不笑的人。自己不会笑,也不准别人笑",其原因是他们"生怕笑声会动摇他们的神圣殿堂和宝座。"第二类是"天神、皇帝、牧师、官吏、家长、教师爷、圣贤,从来是极其威严的,面部似乎没长笑的神经。"他们"这种禁止发笑的流风余韵,延续到政治运动之中,就变成了谁笑谁有罪",即他们的"流风余韵"造出了第三类不准笑者。这类不准笑者是政治运动中的"职业打手和业余打手"。这些"不准笑、不会笑的人,在历次政治运动中,不但把思想解放敢说真话的人整苦了,而且闹得中华民族成了一个幽默与喜剧贫瘠之国"。

《会笑与不笑》的重点是想写第三类不准笑者,似乎是想指责批评不准人民笑的现代的专制者。但文中除了述及《买猴儿》相声的作者和表演者打成右派外，再看不到他们有什么不准人笑的霸道卑劣的具体言行，也弄不清他们到底是第一类不准笑者，还是第二类不准笑者的后裔。从"这种禁止发笑的流风余韵"的话语看，他们是"天神、皇帝、牧师、官吏、家长、教师爷、圣贤"们的后代，但其中天神和皇帝是不能与"家长、教师爷、圣贤"等相提并论的。这"流风余韵"，似是指圣贤、教师爷等人留传的风韵，似是对圣贤等的一种调侃，"流风余韵"似不算什么丑恶卑劣；如果是奴隶主和皇帝为代表的封建统治者留传的，称这是"流风余韵"，似不恰切，即使是反语，是杂文家的辛辣讽刺，也是不好理解的。他们不准笑，"生怕笑声会动摇他们的神圣殿堂和宝座"，而第三类不准笑者除见他们在《买猴儿》的表演者的批斗会上，有人质问道："共产党的干部有马大哈这样的人吗？你给我找出这个人来，不然你就是诬蔑！"外，再没见他们有其他不准笑的言行。而侯宝林挨斗的轶事，作者自己告诉了我们，这是民间笑话，不是不准侯宝林笑，而是用侯宝林让大家笑。所以文中并没有充分体现专制者不准人民笑，更没揭示其不准人民笑有什么卑劣丑恶目的。

至于"那些不准笑、不会笑的人"与"闹得中华民族成了一个幽默与喜剧贫瘠之国"，更是自相矛盾。作者在前文说"职业打手和业余打手们不是不准中国人笑么？嘿，民间笑话笑得更好"；"不准人家笑的人，往往自己不自觉地创造了许多笑话"，在"闹得中华民族成了一个幽默与喜剧贫瘠之国"之后还说，"正因为这样，相声，喜剧小品成了卖方市场，供不应求"，这不是说由于他们不准笑，反而笑话更多，笑声更多，笑得"相声、喜剧、小品供不应求"，逗得众人都爱看笑听笑，都爱笑。这怎能说是幽默与喜剧的贫瘠呢？而结尾的"由于萝卜快不洗泥，也由于好萝卜不准上市，如此这般无形中加强了不笑者阵营的力量。呜呼——哀哉！"简直是情理不通，莫名其妙。"萝卜快不洗泥"，说的是"相声、喜剧、小品供不应求"，供不应求，相声、喜剧、小品的作者或观众，难道就会掉转头加入不笑者阵营，成为"职业打手和业余打手"，一起不准人民笑吗？他们全都应该"呜呼——哀哉！"了吗？这样写，不仅主题不明，而且"敌我"不分了。

正因为主题不明，作者的思路显得不清，他不清楚自己到底要表达什么中心思想，因此文中有许多话读者根本无法明白作者为什么要去写它。如第一段，写小皇帝的讨厌和《捡蛋》中的小孩的好笑，与作者想写的专制者不准人民笑，毫无关联。又如引澳大利亚幽默家菲力普·亚当斯的"未来星球上的终极战争……只会在会笑的人与不笑的人之间发生"的这段话，作者未加任何评说，到底想用它说明什么，使人摸不着头脑，只觉得是作者突然掉书袋罢了。又如某社长写错别字、一官员读错句子，前无交代，后无说明，仅凭此，就武断地说他们是"不准人家笑的人"，是"有权即有理"的"更可笑者"。这样武断与不准别人笑者又有何异？

这思路不清，也导致多处前言不搭后语。如"候、马二位表演艺术大师，都是穷孩子出身，饱尝了人间辛酸，吐出来的却是精彩、高雅和丰富的笑声。但是很遗憾，奴隶主和封建统治者大都是一些不笑的人。自己不会笑，也不准别人笑……"句中的"但是很遗憾"，完全是多余的，有它，既伤文意，语句也不顺畅。又如"襁褓中的婴儿，吃饱睡好没不良干扰，几天内就会笑，细心的母亲都会为此作证：婴儿抚养得当，笑比哭好，而且特甜、特亲、格外富有感染力。"句中的"笑比哭好"，显得很突兀，前后都无笑比哭好的语意。

看完全文，回头再看题目，主题不明，思路不清，在题目中也清楚地显现出来。"会笑与不笑"，似乎是谈两者的关系，而文中，上文已述，几乎没涉及"会笑"，而"不笑"只是一种表象，它在文中实质是"不准笑"，文章的重点也意在写"不准笑"。"会笑"与"不笑"，文中不仅没说及它们之间有什么对立或相辅相成的关系，连一个交汇点也看不到，"会笑与不笑"根本体现不出它是文章的"题"和"目"。

附：《会笑与不笑》

舒 展

我曾亲眼看到在百货商场玩具部前，"小皇帝"、"小太阳"因为购物指令得不到落实在地上打滚大哭大闹的场面，我毫无围观的兴趣，赶紧走开。

老实说，我讨厌娇生惯养的孩子。可是在电视节目中，我喜欢看《家庭滑稽录相》，尤其是那个只有两分钟的《拣蛋》（一群两三岁的儿童在野外树林中拣蛋，有的只知埋头拣，却忽略了自己篮中的蛋被另外的孩子拣去，还有的拣得很多却一屁股坐在蛋上，另一个孩子用蛋作武器将打手打了个满脸开花……），活脱脱地表现出幼儿们的稚拙、天真、可爱和好笑。

有人根据婴儿到人世的第一声是啼哭，从而断言人的天性是爱哭的悲剧性的痛苦的。我不同意这个看法。襁褓中的婴儿，吃饱睡好没不良干扰，几天内就会笑，细心的母亲都会为此作证：婴儿抚养得当，笑比哭多，而且特甜、特亲、格外富有感染力。对于年轻的母亲，没有比亲子的笑容更大的欣慰了。

美国有个演说家 L·英格索尔说得好："孩子的笑容，可以使最神圣的时刻更加神圣。"我相信，人类崇尚悲剧的历史，会逐步让位于喜爱喜剧和幽默。俄狄浦斯王、哈姆雷特、赵氏孤儿和窦娥固然伟大，但我更欣赏莫里哀、马克·吐温、卓别林、老舍、钱钟书、侯宝林和马三立。

侯、马二位表演艺术大师，都是穷孩子出身，饱尝了人间辛酸，吐出来的却是精彩、高雅和丰富的笑声。但是很遗憾，奴隶主和封建统治者大都是一些不笑的人。自己不会笑，也不准别人笑，生怕笑声会动摇他们的神圣殿堂和宝座。天神、皇帝、牧师、官吏、家长、教师爷、圣贤，从来是极其威严的，面部似乎没长笑的神经。更让人遗憾的是这种禁止发笑的流风余韵，延续到政治运动之中，就变成了谁笑谁有罪，闹得许多原本爱笑会笑的人，一个个都绷紧了脸……不笑。当马大哈在全国成为著名人物时，"买猴儿"的作者何迟成了大右派。表演者马三立，也因补漏被摊派扩大到右派堆里去了。批斗会上，有人质问道："共产党的干部有马大哈这样的人吗？你给我找出这个人来，不然你就是诬蔑！"

如果勒令鲁迅交代阿Q的底细，并且质问："雇农阶级中有阿Q这样的人吗？"鲁迅也许只能瞠目结舌哭笑不得。"文革"时，流传一段关于侯宝林挨斗的轶事。说他自制了一顶越拉越长奇高无比的弹簧帽，上写"反动曲艺权威"。造反派问："你笑咱们的缺点，暴露新社会，企图干什么？是不是给社会主义抹黑？；是不是妄图复辟资本主义？"答："罪恶野心比这更大。""是什么？"侯宝林说："我想发动第三次世界大战！"

后来，侯的挚友方成曾经亲自向相声大师当面考证这段轶事的源流。结果嘛，读者看看方成老兄这幅漫画就明白了。职业打手和业余打手们不是不准中国人笑么？嘿，民间笑话笑得更好！

不准人家笑的人，往往自己不自觉地创造了许多笑话。比如某报社长在"欢度国庆"的报纸大样上，将"度"字改为"渡"字；将"留取丹心照汗青"的"汗"字改写成"汉"字，这与"黑西哥"；"钓鱼岛"真有异曲同工之妙。你想呀，大城市一般都缺水，这位领导改得也不无道理，多来点水，少出点汗，符合增收节支的原则。还有一位官员读文件："对于那些已经露头的和尚未露头的敌对分子……"读成了"对于那些已经露头的和尚，未露头的敌对分子。"细想，也正确。和尚总是露着光头的；敌对分子嘛，总是不会露头的。叶圣陶先生有一篇杂文，题目为"老爷说的准没错！"出现错别字或笔误，一般人难免，问题在于：有权即有理，这就很可笑。

澳大利亚的幽默家菲力普·亚当斯有一段妙语："未来星球上的终极战争，不是在东西方之间，黑人白人之间，共产主义与资本主义之间，无神论与不可知论之间，而只会在会笑的人与不笑的人之间发生(〈幽默的民族风格〉第33页，上海人民版）。"

那些不准笑、不会笑的人，在历次政治运动中，不但把思想解放敢说真话的人整苦了，而且闹得中华民族成了一个幽默与喜剧贫瘠之国，正因为这样，相声，喜剧小品成了卖方市场，供不应求。由于萝卜快不洗泥，也由于好萝卜不准上市，如此这般无形中加强了不笑者阵营的力量。呜呼——哀哉！

（1994 年）

语言毛病多 观点难成立
——《生活不能夺去你们的理想》简析

　　"在生活中，我们应努力始终像青年人那样思想和感受的信念，像一个忠诚的顾问，陪伴着我的生活道路。"这是这篇选自《敬畏生命》的选文的第一句话，当头就给人一头雾水。"我们"到底是应努力像青年人那样"思想和感受"，还是像青年人那样"信念"，或是像他们那样"思想""和感受的信念"？究竟像什么，谁也弄不明白，只能说它是个"三不像"。

　　《新语文读本》（修订版）初中卷6（钱理群、王尚文主编，广西教育出版社，2007年第13次印刷）中的《生活不能夺去你们的理想》，篇幅不长，病句却不少，仅摘几句并简析于后。

　　"在生活中，我们应努力始终像青年人那样思想和感受的信念，像一个忠诚的顾问，陪伴着我的生活道路。"这是这篇选自《敬畏生命》的选文的第一句话，当头就给人一头雾水。"我们"倒底是应努力象青年人那样"思想和感受"，还是像青年人那样"信念"，或是像他们那样"思想""和感受的信念"？究竟像什么，谁也弄不明白，只能说它是个"三不像"。而"像一个忠诚的顾问"，又是什么像顾问呢？是"信念"，还是"我们应努力始终像青年人那样思想和感受的信念"？如果是前者，"信念"既是宾语又是主语，成分杂糅；若是后者，那么"我们"都得"陪伴着我的生活道路"，说得不合情理，"我们"也肯定不会陪。再说，不管是前者，还是后者，不管谁当顾问，都不可能去陪伴哪一个人的"生活道路"，陪伴道路，搭配不当。

"被应用于人的说法'成熟'，对我来说始终有些令人害怕。"这是第二段的第一句。既然限定了"对我来说"，又为何加个"令人"？如果重在说"我"，"令人"就得删去；如果重在说明"成熟"得"可怕"，不仅"我"怕，他人也怕，就不要"对我来说始终"。同理，第四段中的第一句**"从而我害怕有朝一日我也会这样令人忧伤地回顾自己"**中的"令人"也应该删掉；它的后一句"我决心不屈服于这种悲剧性的理性化"，更清楚地表明了"忧伤"的人是"我"，与他人无关。

　　"理想是思想。只要它仍然只是被思考，蕴含在其中的力量就不会起作用，即使它被怀着最大热忱和最坚定信念的人所思考。如果纯洁的人的本质与这种热情和信念结合起来，理想的力量才会发挥作用。"这三句话，究竟想说明什么，令人难以捉摸。既然"理想是思想"，那"理想"必定是理想者自己经过认真思考选择的结果，"理想"也一定是理想者发自本心充满着热情思考后的坚定信念，怎么"理想""仍然只是被思考，蕴含在其中的力量就不会起作用"？"仍然被思考"，不是能让理想考虑得更成熟更完美，"蕴含在其中的力量"不是更大更容易发挥吗？为什么说"如果纯洁的人的本质与这种热情和信念结合起来，理想的力量才会发挥作用"？难道理想者出自本心的"理想"与理想者的"本质"无关吗？如果"本质"与本心无关，那"本质"又是什么？作者下文紧接"发挥作用"说："我们应该达到的成熟，是我们不断磨砺自己，变得日益质朴、日益真诚、日益纯洁、日益平和、日益温柔、日益善良和日益富于同情感。这是我们应走的唯一道路。通过这种方式，青年理想主义之铁锻炼成不会失落的生命理想主义之钢。"，这些有关"成熟"的话，也许就是作者对自己所说的"本质"的阐述，这些话似乎要"达到"这些条件和"变"到这种程度后，即通过这"唯一道路"，"通过这种方式"后，才有"纯洁的人的本质"，才能使蕴含在理想中的力量发挥作用，才能使"青年理想主义之铁锻炼成不会失落的生命理想主义之钢"，才能使"生活不能夺去你们的理想"。这些话也无异在说，"纯洁的人"没有达到这些条件之前他们也就没有本质了。

　　从上面的病句分析中，我们不难发现，这篇选文更大的弊病是"如果纯洁的人的本质与这种热情和信念结合起来，理想的力量才会发挥作用"，也即

"生活不能夺去你们的理想"这个观点难成立，更难令人信服。一是其中"本质"是什么，表述不清，它与常人理解的人的本质就是人本来的品质不是一回事。二是似乎只有"纯洁的人""本质与这种热情和信念结合起来，理想的力量才会发挥作用"，其他人理想的力量发挥不出来。三是"理想"是先行者，"本质"是后有的，这不合常理。四是"发挥的作用"仅是"铁"变成"钢"，金属还是金属，理想还是理想，只是刚硬的程度有差别而已。若是这样，不是"生活不能夺去你们的理想"，而仅是比"本质"没与"这种热情和信念结合起来"之前，较难"夺"罢了。

附：《生活不能夺去你们的理想》
（法）史怀泽

在生活中，我们应努力始终像青年人那样思想和感受的信念，像一个忠诚的顾问，陪伴着我的生活道路。我本能地防止自己成为人们通常所理解的"成熟的人"。

被应用于人的说法"成熟"，对我来说始终有些令人害怕。因为，在此我总是听到如此不和谐的词：贫乏、屈从和迟钝。通常，我们看到所谓人成熟的标志是：顺从命运的理性化。人们逐步放弃年轻时珍视的思想和信念，以别人为榜样追求这种理性。他曾信赖真理的胜利，但现在不再信赖了。他曾努力追求正义，但现在不再追求了。他曾信赖善良和温和的力量，但现在不再信赖了。他曾能热情振奋，但现在不能了。为了能更好地经受生活的惊涛骇浪，他减轻了自己生命之舟的负担。他抛弃了被认为是多余的财富，但扔掉的实际上是饮用水和干粮。现在他轻松地航行，但却是一个受饥渴折磨的人。

年轻时，我曾听到大人的谈话，有些说话深深地刺伤了我的心灵。他们在回顾其青年时代的理想主义和热情时，只是把它看作似乎值得人们留恋的东西。同时，他们又认为放弃它是人对之无能为力的自然规律。

从而我害怕有朝一日我也会这样令人忧伤地回顾自己。我决心不屈服于这种悲剧性的理性化。我已经试图实行我在几乎是孩子气般的反抗中的誓言。

成年人太喜欢在其可怜的境况中卖弄，以使青年人明白：总有一天，他们会把今天极为珍视的一切的绝大部分东西看作只是幻想。但是，深沉的生活体验对青年人说的则是另一番话。它恳请青年人，在整个生命中要坚持鼓舞他们的思想，人在青年理想主义中觉察到真理，由此他拥有一笔无价之宝。

我们每个人必须对此做好准备，生活要夺去我们对善和真的信仰以及对它们的热忱。但是，我们并不需要听它摆布。付诸实施的理想，通常为事实所扼杀，但这并不意味着，理想从一开始就应该屈服于事实，而只是我们的理想不够坚定。理想不够坚定的原因在于它在我们心中不纯粹，不坚定。

理想的力量是摧毁不了的。一滴水没什么力量。但是，如果它流到了岩石的裂缝里，并结成冰，就会裂开岩石。作为蒸汽，水能推动巨大的机器活塞，水就这样使蕴含在其中的力量发挥作用。

理想也是如此。理想是思想。只要它仍然只是被思考，蕴含在其中的力量就不会起作用，即使它被怀着最大热忱和最坚定信念的人所思考。如果纯洁的人的本质与这种热情和信念结合起来，理想的力量才会发挥作用。我们应该达到的成熟，是我们不断磨砺自己，变得日益质朴、日益真诚、日益纯洁、日益平和、日益温柔、日益善良和日益富于同情感。这是我们应走的唯一道路。通过这种方式，青年理想主义之铁锻炼成不会失落的生命理想主义之钢。

从而，我们成年人传授给青年一代的生活知识，不应该是"现实将排除掉你们的理想"，而应该是"坚持你们的理想，生活不能够夺去你们的理想"。

如果人都变成他们 14 岁时的样子，那么世界的面貌，就会完全不同。

《远处的青山》语病例析

"在为了杀人流血这桩事情而在战斗、护理、宣传、文字、工事，以及计数不清的各个方面而竭尽努力的人们当中"，这个状语的语意，似乎是说"计数不清的各个方面而竭尽努力的人们"，都在"为了杀人流血这桩事而在战斗"，而在"竭尽努力"。这语意显然是表达不准的，这与人民反对战争切盼和平的主旨相连。

《新语文读本》（修订版）初中卷6（钱理群、王尚文主编，广西教育出版社，2007年第13次印刷）中的《远处的青山》，选自《世界散文经典·西方卷》。但是，这篇经典散文，不知是翻译的原因，还是原作的问题，文中竟有不少语句前后语意不相连、表意不清不准，甚至不知所云。现摘抄几句并简析于后。

"在为了杀人流血这桩事情而在战斗、护理、宣传、文字、工事，以及计数不清的各个方面而竭尽努力的人们当中，很少人是出于对战争的真正的热忱才去做的。"

这句话到底在说什么？读者大概很难弄清。我们耐着性子，将它简化成"在……人们当中，很少人……去做的"，然后再来分析理解。"人们"前有三个定语，即"为了杀人流血这桩事情而在战斗、护理、宣传、文字、工事"的、"计数不清的""各个方面而竭尽努力的"，但第一个定语中的"战斗、护理、宣传"是动词，而"文字、工事"是名词，把动词和名词并列起来，不合语法，也没有"在文字、工具"的说法，"为了杀人流血这桩事情"而"在文字、工事"，不知何意。再说"在……人们当中"，这个状语的语意，似乎是"计数不清的各个方面而竭尽努力的人们"都在"为了杀人流血这桩事而在战斗"，而在"竭力努力"。这语意显然是表达不准的。即使后面说"很少人是出于对战争的真正的热忱才去做的"，仍然使人觉得不少人"是出于对战争的真正的热忱才去做的"。这不与人民反对战争切盼和平的主旨相连吗？

"这里没有树篱，一片空旷，但有许多炯炯有神的树木，还有那银白的海鸥，翱翔在色如蘑菇的耕地或青葱翠绿的田野之间；不管你凝视的是这株小小的粉红雏菊，而且慨叹它的生不逢时，还是注目那棕红灰褐的满谷林木，下面乳白的流云低低悬垂，暗影浮动——一切都是那么美好……"

这是第六段中的句子。第六大段全是写"我"在青山上欣赏到的美景和悠闲愉悦的心境。仅摘录的这几个短句，那树木、海鸥、田野、林木、流云，以及那雏菊，无不美丽可爱，爽心悦目，可是句中突然出现"而且慨叹它的生不逢时"，这就令人奇怪：可爱的粉红雏菊，不是同长在战争结束后的和平环境中，享受着同样的阳光雨露，怎么惟独它生不逢时？怎么有人神经病似的突然慨叹起来？"而且"又是从何递进而来，前文并没有谁发过任何感慨。所以，这"而且慨叹它的生不逢时"，与前后文完全不合拍不搭调。

"这是四年零四个月以来我再也没有领略过的快乐，现在我躺在草上，听任思想自由飞翔，那安详如海面上轻轻袭来的和风，那幸福如这座青山上的晴光。"

这是文章结尾的一句话。这话的前文写的是在战争结束后、和平到来之时，"我"登上青山"和平之感在我们的思想上正一天天变得愈益真实和愈益与幸福相连"的感受，写的就是"我"在领略快乐、自由和幸福，怎么说"这是四年零四个月以来我再也没有领略过"呢？难道文中所写的是战争以前的事吗？所以"再也没有"令人不解。若将"再也没有"改为"第一次"的字样才使人好懂，才符文意

附：《远处的青山》

（英国）高尔斯华绥

不仅仅是在这刚刚过去的三月里（但已恍如隔世），在一个充满着痛苦的日子——德国发动它最后一次总攻后的那个星期天，我还登上过那座青山吗？正是那个阳光美好的天气，南坡上的野茴香浓郁扑鼻，远处的海面一片金黄。我俯身草上，暖着面颊，一边因为那新的恐怖而寻找安慰，这进攻发生在连续四年的战祸之后，益发显得酷烈出奇。

"但愿这一切快结束吧！"我自言自语道，"那时我就又能到这里来，到一切我熟悉的可爱的地方来，而不致这么神伤揪心，不致随着我的表针的每下滴答，就有一批生灵惨遭涂炭。啊，但愿我又能——难道这事便永远完结吗？"

现在总算有了完结，于是我又一次登上这座青山，头顶上沐浴着十月的阳光，远处的海面一片金黄。这时心头不再感到痉挛，身上也不再有毒气侵袭。和平了！仍然有些难以相信。不过再不用过度紧张地去谛听那永无休止的隆隆炮声，或去观看那些倒毙的人们、张裂的伤口与死亡。和平了，真的和平了！战争继续了这么长久，我们不少人似乎已经忘记了一九一四年八月战争全面爆发之初的那种盛怒与惊愕之感。但是我却没有，而且永远不会。

在我们和一些人中——我以为实际在相当多的人中，只不过他们表达不出罢了——这场战争主要会给他们留下了这种感觉："但愿我能找到这样一个国家，那里人们所关心的不再是我们一向所关心的那些，而是美丽，是自然，是彼此仁爱相待。但愿我们能找到那座远处的青山！"关于俄忒克里托斯的诗篇，关于圣弗西斯的高风，在当今的各个国家里，正如东风里草上的露珠那样，早已渺不可见。即或过去我们的想法不同，现在我们的幻想也已破灭。不过和平终归已经到来，那些新近屠杀掉的人们的幽魂总不致再随着我们呼吸而充塞在我们胸臆。

和平之感在我们的思想上正一天天变得愈益真实和愈益与幸福相连。此刻我已能在这座青山之上为自己还能活在这样一个美好的世界而赞美造物主。我能在这温暖阳光的覆盖之下安然睡去，而不会醒后又是过去的那种恍恍欲绝。我甚至能心情欢快地去做梦，不致醒后好梦打破，而且即使做了噩梦，睁开眼睛后也就一切消失。我可以抬头仰望那蔚蓝的晴空而不会突然瞥见那里拖曳着一长串狰狞可怖的幻象，或者人对人所干出的种种伤天害理的惨景。我终于能够一动不动地凝视着晴空，那么澄澈的蔚蓝，而不会时刻受着悲愁的拘牵；或者俯视那光艳的远海，而不致担心波面上再会浮起屠杀和血污。

天空中各种禽鸟的飞翔，海鸥、白嘴鸭以及那些往来徘徊于白垩坑边的棕色小东西对我都是欣慰，它们是那样的自由自在，不受拘束。一只画眉正鸣转在黑莓丛中，那里叶间还晨露未干。轻如蝉翼的新月依然隐浮在天际；远处不时传来熟悉的声籁；而阳光正暖着我的脸颊。这一切都是多么愉快。这里见不到凶猛可怕的苍鹰飞扑而下，把那快乐的小鸟攫去。这里不再有歉疚不安的良心把我从这逸乐之中唤走。到处都是无限欢欣，完美无瑕。这里张目四望，不管你看看眼前的蜗牛甲壳，雕镂刻画得那般精致，恍如童话里小精灵头上的细角，而且角端作蔷薇色；还是俯瞰从此处至海上的一带平芜，它浮游于午后阳光的微笑之下，几乎活了起来，这里没有树篱，一片空旷，但有许多炯炯有神的树木，还有那银白的海鸥，翱翔在色如蘑菇的耕地或青葱翠绿的田野之间；不管你凝视的是这株小小的粉红雏菊，而且慨叹它的生不逢时，还是注目那棕红灰褐的满谷林木，下面乳白的流云低低悬垂，暗影浮动——一切都是那么美好，这是只有大自然在一个风和日丽的天气，而且那观赏大自然的人的心情也分外悠闲的时候，才能见到的。

在这座青山之上，我对战争与和平的区别也认识得比往常更加透彻。在我们的一般生活中，一切几乎没有发生多大改变——我们并没有领得更多的奶油或更多的汽油，战争的外衣与装备笼罩着我们，报纸杂志上还充溢着敌意和仇恨；但是精神情绪上我们确已感到了巨大差别，那久病之后逐渐死去还是逐渐恢复的巨大差别。

据说，此次战争爆发之初，曾有一位艺术家闭门不出，把自己关在家中和花园里面，不订报纸、不会宾客，耳不闻杀伐之声，目不睹战争之形，每日惟以作画赏花自娱——只不知他这样继续了多久。难道他这样作法便是聪明，还是他所感到的痛苦比那些不知躲避的人更加厉害？难道一个人连自己头顶上的苍穹也能躲得开吗？连自己同类的普遍灾难也能无动于衷吗？

整个世界逐渐恢复——生命这株伟大花朵的慢慢重放——在人的感觉与印象上的确是再美不过的事了。我把手掌狠狠地压在草叶上，然后把手拿开，再看看那草叶慢慢直了过来，脱去它的损伤。我们自己的情形也正是如此。战争的创伤已深深侵入我们身心，正如严霜侵入土地那样。在为了杀人流血这桩事情而在战斗、护理、宣传、文字、工事，以及计数不清的各个方面而竭尽努力的人们当中，很少人是出于对战争的真正的热忱才去做的。但是，说来奇怪，这四年来写得最优美的一篇诗歌，亦即朱利安·克伦菲尔的《投入战争》竟是纵情讴歌战争之作！但是如果我们能把自那第一声战斗号角之后一切男女对战争所发出的深切诅咒全都聚集起来，那些哀歌之多恐怕连笼罩地面的高空也盛装不下。

然而那美与仁爱所在的"青山"离开我们还很遥远。什么时候它会更近些？人们甚至在我所偃卧的这座青山也打过仗。根据在这里白垩与草地上的工事的痕迹，这里还曾住宿过士兵。白昼与夜晚的美好、云雀的欢歌、花香与芳草、健美的欢畅、空气的澄鲜、星辰的庄严，阳光的和煦，还有那清歌与曼舞、淳朴的友情，这一切都是人们渴求不餍的。但是我们却偏偏要去追逐那浊流一般的命运。所以战争能永远停止吗？……

这是四年零四个月以来我再也没有领略过的快乐，现在我躺在草上，听任思想自由飞翔，那安详如海面上轻轻袭来的和风，那幸福如这座青山上的晴光。

《在鲁迅诞生一百周年大会上的讲话》有些词句欠斟酌

"例如，在某些工矿企业和某些农村社队干部中，违反党和国家历来主张的要兼顾国家、集体和个人三者利益的全局观点……"

这句话有两个毛病，一是"在……中"是介词结构的状语，"违反"没有主语；二是"某些工矿企业和某些农村社队干部"，"某些工矿企业"和"某些农村社队干部"是并列关系，还是"某些工矿企业"和"某些农村社队"两者并列为"干部"的定语？显而易见有歧义。如果把"在"和"中"删除，在"社队"后加"有些"，改成"某些工矿企业和某些农村社队有些干部，违反……"，这样，"干部"才能作"违反"的主语，增"有些"两字，既能消除歧义，表意又能更准确。

《鲁迅诞生一百周年大会上的讲话》（以下简称《讲话》），对中国近代革命史上的伟大英雄、文化战线和思想战线上伟大战士、语言大师鲁迅进行了高度评价，对近几年文艺界的现状作了精辟的论述，对文艺战线和思想战线今后的工作作了精心的指导。无疑，它有着极其重要的历史意义和现实意义。可是，从语言文字的角度来看，它还有美中不足之处，有些词句是欠斟酌的，虽然瑕不掩瑜，但是，它是在纪念伟大的文学家、语言大师鲁迅诞生一百周年大会上的讲话，我认为这样公开发表的重要讲话，即使是几粒小小的疵疖，也不应忽视。我怀着一个语文教师纯洁祖国语言的意愿，特把《讲话》中我认为不妥的词句，按在讲话中出现的先后顺序依次摘录如下，并不揣冒昧谈谈自己的看法。

1. "他以自己的言行鼓舞和教育青年，给了他们以前进的力量和智慧。"

"力量和智慧"是"给了"的远宾语，"他们"是"给了"的近宾语，双宾语之间用介词，句子成分杂糅，表意不清，若将"以"字删除，还能突出鲁迅的言行对青年的作用和意义。

2. "我国的农业仍将是一个全面的较大幅度增长的年景。"

将这句话一压缩就成了"农业是年景"，很显然，这个判断的主语与宾语是不能搭配的。宜改为"我国的农业今年将仍有全面的较大幅度增长"，或改为"今年将仍是我国农业取得全面的较大幅度增长的一年。"

3. "当前，我们的工作中，广大干部、党员和国家工作人员中，除了思想战线上一些人存在资产阶级自由化的错误思想外，其他战线也还存在这样那样的消极因素。"

这句话中的"除了"，似乎在说："我们的工作中，广大干部、党员和国家工作人员中"，既包括了"思想路线上一些人"，也包括了"其他战线"，这显然是说不通的。"思想战线上一些人"只能属于"广大干部、党员和国家工作人员"这个范畴，不属于"我们的工作中"，而"其他战线"这个概念与"我们的工作"和"广大干部、党员和国家工作人员"，更不存在被包容与包容的关系。因此，"思想战线上一些人"不能从"我们的工作中"去"除了"，"其他战线"也不存在于"我们的工作中"和"广大干部、党员和国家工作人员中"。我觉得如果把"我们工作中，"改为"在"，在"其他战线也还"后加"有人"，改成"当前，在广大干部、党员和国家工作人员中，除了思想战线上一些人存在资产阶级自由化的错误思想外，其他战线也还有人存在……"，内容并无减损，表意清楚准确，还能消除资产阶级自由化的错误思想和消极因素仅仅存在于工作中的误读误解。

4. "例如，在某些工矿企业和某些农村社队干部中，违反党和国家历来主张的要兼顾国家、集体和个人三者利益的全局观点……"

这句话有两个毛病，一是"在……中"是介词结构的状语，"违反"没有主语；二是"某些工矿企业和某些农村社队干部"，"某些工矿企业"和"某些农村社队干部"是并列关系，还是"某些工矿企业"和"某些农村社队"两者并列为"干部"的定语？显而易见有歧义。如果把"在"和"中"删除，在"社队"后加"有些"，改成"某些工矿企业和某些农村社队有些干部，违反……"，这样，"干部"才能作"违反"的主语，增"有些"两字，既能消除歧义，表意又能更准确。

5. "我们党历来认为，文艺界和整个思想战线的同志们，在学习和正确运用这个法宝上有着极其重要的作用。"

这句话，其本意显然是说文艺界和整个思想战线上的同志们学习和正确运用这个法宝(即批评和自我批评)有着极其重要的作用,但由于滥用了"在……上"，使"在学习和正确运用这个法宝上"成了""有着"的状语，句意就把学习运用法宝有作用，写成了同志们有作用，把话说颠倒了。

6. "……那末，你们就可以极大地帮助党更好地实现建设高度的社会主义精神文明的伟大历史任务。"

"实现……任务"，搭配不恰当，常用的是"完成任务"，而非"实现任务"，因为任务是"指定担任的工作或责任"，是自己定了的，是原有的，无须去实现，只需去完成。

以上，就是我认为《讲话》中欠斟酌的词句，我大胆写出来，供有关同志参考，并希望能引起领导注意，希望他们能为纯洁祖国的语言身体力行。

（1981 年）

附：《在鲁迅诞生一百周年大会上的讲话》（摘录）

鲁迅始终把斗争锋芒对准帝国主义、封建主义及其走狗。他的骨头是最硬的，他对敌人的斗争是异常坚决和勇敢的。在革命阵营内部和进步文艺界内部，他总是着重于团结起来，一致对敌。他既反对右倾投降主义，又拒绝任何左倾空谈和左倾冒险的错误方针。对于同志和战友的缺点错误，他出于公心，提出针砭和批评，决不含混敷衍，尽管有时可能失之过严，但总是善意的、深刻的，富有启发和教育的意义，有助于人们思想的提高。鲁迅对自己是很严格的。他说："我的确时时解剖别人，然而更多的是更无情面地解剖我自己"。他就是这样做了的。为了培养青年一代，鲁迅付出了大量的时间和精力。**他以自己的言行鼓舞和教育青年，给了他们以前进的力量和智慧。**

我们的工作，一年比一年有进展。现在，大家可以看出：我们今年的情况确实比去年好。通过对党的六中全会决议的学习和讨论，我们全党全军全国各族人民政治上的团聚力是大大加强了。我们调整和改革的决策正在逐步实施，国民经济已经开始走上健康的稳步发展的道路。虽然今年有好几个省区发生了较大的水旱灾害，但是可以肯定地说，**今年我国的农业仍将是一个全面的较大幅度增长的年景。**

当前，我们的工作中，广大干部、党员和国家工作人员中，除了思想战线上一些人存在资产阶级自由化的错误思想之外，其他战线也还存在这样那样的消极因素。例如，在党的各级领导机构的某些领导干部中，存在着脱离实际，脱离群众，既不钻研问题，又不解决问题，死抱住老框框，对必要的改革不感兴趣，对党和人民交给的任务极不负责任的那种官僚主义现象。**例如，在某些部门，首先是某些经济部门的某些同志，缺乏全局观点，凡是不合自己局部利益和口味的事，就扯皮，就顶着不办。这是一种损害整体利益的本位主义错误行为。**例如，在某些工矿企业和某些农村社队干部中，违反党和国家历来主张的要兼顾国家、集体和个人三者利益的全局观点，打着代表群众利益的旗号，实际上是代表一部分工人、农民中的落后意识，一有机会就向国家敲竹杠，要高价，这是损害国家利益的错误行为。例如，某些干部不顾党纪国法，胆大妄为，利用党和人民赋予的职权，谋取个人的私利，甚至发展到向外国人索取财物，接受贿赂，丧失国格人格。所有这些消极的因素，都需要我们严肃地对待，采取正确的方法，坚决地加以克服。

我们党历来认为，文艺界和整个思想战线的同志们，在学习和正确运用这个法宝上有着极其重要的作用。**如果文艺界和一切思想战线上的兵是精的，**

武器是好的，那末，你们就可以极大地帮助党更好地实现建设高度的社会主义精神文明的伟大历史任务。我们党之所以热切地希望文艺界和一切思想战线上的同志，首先克服自己队伍中的消极因素，发扬自己队伍中的积极因素，完全是出于这个积极的目的。我们党相信，经过千锤百炼，作过巨大历史贡献的我国思想战线的革命大军，一定能够把这个光荣的任务担当起来！

　　我们党历来认为，文艺界和整个思想战线的同志们，在学习和正确运用这个法宝上有着极其重要的作用。如果文艺界和一切思想战线上的兵是精的，武器是好的，那末，你们就可以极大地帮助党更好地实现建设高度的社会主义精神文明的伟大历史任务。我们党之所以热切地希望文艺界和一切思想战线上的同志，首先克服自己队伍中的消极因素，发扬自己队伍中的积极因素，完全是出于这个积极的目的。我们党相信，经过千锤百炼，作过巨大历史贡献的我国思想战线的革命大军，一定能够把这个光荣的任务担当起来！

《写作》不宜作教材

前些天，电大一位老师来请我去他们学校教写作课，并交给我一本教材《写作》（作者季烨，北京燕山出版社出版发行，南昌红星印刷厂印刷）。作者在《绪言》中说："本书是为高等师范院校开设写作课而编写的。"按理说，作为一本为写作课而编写的教科书，概念准确清楚，语言通顺得体，合乎规范，应是最起码的要求。可是，稍稍浏览，就会发现《写作》的病句比比皆是。下面仅摘录《绪言》中的一些句子及前三章开头中的一些话，稍加分析，看看《写作》的语病病到了什么程度。

先将《绪言》开头的前三句加上①②③的序号，然后分别简析于后：

①"写作是运用语言文字反映客观事物，表达思想感情的一种社会实践活动。"

"社会实践"是指人类能动地改造自然和社会的活动，而写作即写文章或进行文学创作，往往是个人的活动，这种活动，有时甚至没有考虑任何功利，只是自我情趣的一种表现而已；写出的东西可能除作者自己外，不给任何人看，对社会没任何作用。说写作是一种"社会实践活动"，概念运用不准确。

②"自从有了记录语言的符号——文字，写作便成了人类交流思想的重要方式，成为人们从事政治、经济、文化活动，进行思想交流、传播知识、总结科学技术成果及至日常生活交往中心不可少的工具。"

写作是一种活动，一种行为，或说是一项职业，不会成为"工具"，正如只有说犁是工具，而不能说犁田会成为工具。此句中的"及至"应改为"及"

或"以及"，"交往中心"的"心"应删除。

③"中国自古便是文章大国。"

中国的历史有五千多年，而文学史才三千年。"自古"的"古"从哪里算起？把"自古"改为"很早"较为贴切。

《绪言》中的前三句后还有不少病句，如：

"会不会写文章，不仅成了有无学问的明显标志，而且事实上成了谋生的重要手段。"

事理上似有偏颇之嫌，暂不管它，病在一面与两面相配搭，似乎不会写文章，也是一种谋生的重要手段。

"写作是一种很重要的社会交流工具，故而它不仅是文科各专业而且是理、工、农、医等各专业必修的基础课程。"

写作是工具，本已不确，是"社会交流工具"更不知所云。人们会说写作是学文理等专业的学生必修的课程，或者说写作是文理各专业必开的课程，不会说写作是文理等专业必修的基础课，"专业"自身没有必修课。

"……看有问题的习作。分析品评这些习作的优缺点是发现写作规律的最好途径，因为它们为你树立了正反两方面的样板……。"

"习作"，尤其是"有问题的习作"，顾名思义，它的作者在写作技法方面不很成熟，作品本身也不很成功，怎能成为正面样板？再说，优秀作品可以作为学习的范例，或称作样板，而把不好的作品，或把好作品中有问题的地方称作反面的样板也是不妥当的。

……

《绪言》中的病句还很多，不一一列举。章节内容又如何呢？下面再摘录前三章开头的一些话。第一章开头的两句：

"摄取就是将注意力专注于生活之中，观察生活，体验感受生活，采集生活中的素材，广泛吸取营养。摄取是生活的根基。"

"摄取"是指为写作收集素材一类事，正如为建房备料，这固然很重要，但"摄取是生活的根基"，把"摄取"提到了重于一切高于一切的地步，是偏颇的。并且，摄取既然只是"采集生活中的素材"，怎么同时又是"生活的根基"？若说素材是写作的根基，人们还能认可。

第一章第一节开头的一句：

"观察是写作主体凭借自己的眼、耳、鼻、舌、肤等感官功能（或借助某些科学仪器）对自然现象、社会现象进行直接考察的一种摄取客观信息的活动。"

眼、耳等是人体器官，不是"感官功能"。眼耳等"器官"是构成人的身体的部分，担任看、听等独立的"功能"，不能把"器官"等同"功能"。

第二章开头的一句：

"思维是人脑及客观事物的本质和规律的概括，间接的反映。"

人们对"思维"的解释，一般的说法——如《辞海》——是：思维"是人脑对客观事物间接的和概括的反映"，而病句竟把"思维"当成是"思维是人脑及客观事物的本质和规律的括号，间接的反映。"，真荒谬。

第三章的第一句：

"想象是人类一切创造活动的必要前提，是一切文学艺术不可或缺的生命源头之一，是写作能力飞上高峰的最好驱动力。"

"想象"是一切文学艺术的生命源头，又是驱动写作能力飞上高峰最好的动力，语言似乎很美，但仔细一想，"想象"是源头，那么一个人他什么也没见过，什么也没听过，脑子里一点感性知识也没有，能想象什么呢？能从这想象的源头中流出文学艺术品吗？再说驱动写作能力飞上高峰的最好的动力到底是生活阅历、个人修养、勤奋读写等还是"想象"？我想如果学生真相信"想象"是最好的驱动力，恐怕就会想得飘飘然、昏昏然，闭门造车，无病呻吟，在写作上不仅飞不上高峰，反而会跌下深谷的。

《写作》的语言弊病甚至荒谬之处不少，若用它指导青年学生写作，必然误人子弟，因此《写作》不宜作教材。

（1997 年）

《敬献杂文界同仁》语无伦次

《敬献杂文界同仁》被套红刊登于《杂文报》90年第一期第一版。可是，它装腔作势，东拉西扯，语无伦次，实在令人难以卒读。但把它作为一篇病文来剖析一番，对于提高学生的辨析能力和读写能力，倒是不无意义。

《敬献杂文界同仁》被套红刊登于《杂文报》90年第一期第一版。可是，它装腔作势，东拉西扯，语无伦次，实在令人难以卒读。但把它作为一篇病文来剖析一番，对于提高学生的辨析能力和读写能力，倒是不无意义。

"反思过去，是为了指导将来，检阅得失，是为了鼓舞进步。由此我提几点个人祝愿，敬献杂文界同仁。"【这两句，是先表明祝愿的目的和作用。对人讲话或作报告，如果开头说过多的客套话，或过分地谦虚，固然令人不舒服，但如果一上台，一开口就拿腔拿势，摆出一副祖师爷的面孔，更叫人看不惯，听不进。而这个祝愿前的话似乎是在当仁不让，自命不凡表明"我"的这几点个人祝愿是在"指导将来"，"鼓舞进步"。不管作者是什么身份，是什么职位，作为对杂文界同仁的祝愿，这种"杂文味"太浓了的语言是不得体的。另外"提……祝愿"，词语搭配不当；祝愿是表示良好的愿望，不需要用提。】

一、①"我们是中华人民共和国八十年代末、九十年代初之杂文界，中华民族的根本利益是走社会主义道路复兴中华。【前半句说我们是杂文界，后半句是讲中华民族的根本利益，意思跳跃太远了。】②党中央和国务院所决策的立国之本和强国之路是各民族人民所作出的历史性抉择的集中意志，是亿万志士仁人流汗、浴血、舍生、杀身换取来的。【将此句压缩一下，它的主干就是"立国之本和强国之路是集中意志，是换来的"，这是什么意思？只有反复揣摩，才能明白它大概是说：走社会主义道路，复兴中华是党中央国务院的决策；这决策是立国之本和强国之路；走社会主义道路复兴中华是历史的抉择；这抉择是集中了各族人民的意志做出的；这立国之本强国之路是亿万仁人志士流汗、浴血、舍生、杀身换取的。作者把这么多意思杂糅在一起，这太"杂文"了，什么也没说明白。】③我们杂文作者对时代、社会的感应和认识，对历史和现实的观察和评议，其立足点、着眼点和作用点是不应该脱离这一大的环境气候的。【"这一大的环境气候"，"这一"不知指代哪个"一"。】④实践证明，自绝于人民，自绝于社会，自脱于大地的企图和行为，损人也不利己，没有好的下场。【人们只会说某种人没有好下场，不会说某种企图和行为没有好的下场。再说，"自绝于人民，自弃于社会"的人就是可悲的下场，无须再用什么实践去证明他们是没有好的下场。】⑤由此归结到一点，我们杂文界同仁必须端正自己的立场、观点和方法，用辩证唯物主义和历史唯物主义来熏陶冶炼自己的思想，耳目和手足。"【"此"是指代上一句，④⑤两句，是因果关系，不是分总关系，用"由此归结"，是用得不当的。】

　　二、①"五四"以来，从鲁迅到后继者，把杂文看作斗争实践中的投枪、匕首、银针、手术刀、警策和号角，使其力所能及地发挥革故鼎新、激浊扬情、扶正祛邪、移风易俗的作用，对民族独立自主、人民当家做主、社会进步、国家富强的事业有所裨益。②先行者这一优良传统，应当由后来者加以继续和发扬。【第二点祝愿，也是五句话，但有三百四五十个字，有的一句就有百多字。读后就会发现，句子越长作者越忘了顾及前后词语的搭配、语意的连贯，从而句子越长表意越不清楚越不准确。如①句中"从……到……"，就没有顾及到后面的"看作"和"使"没有了主语，若除掉"从"、"到"，改为"鲁迅及其后继者"，既解决了"看作"和"使"的主语问题，使语意连贯，也无"到后继者"这样不确切的话语，因为鲁迅的后继者代代相传，用个"到"字，有到此为止之意，显然不当，并且，既然是"从鲁迅到后继者，把杂文看作……"，那么第②句中的"先行者这一优良传统，应当由后来者加以继续和发扬"的话就令人莫名其妙了：难道"先行者"竟包括了"从鲁迅到后继者"，而"后继者"却不属"后来者"？】

③……④那种不顾时代变化，不看对象本质，不分青红皂白，一叶障目，不见阳阴，自以为是，颠倒是非，以投抢做手术，以匕首代银针，拉大旗作虎皮，伤天害理，其实损人也不利己。【第④句应在"伤天害理后加个"的人"或"的言行"，与开头"那种"相配搭，若不加"那种"后面并列的短语太多了，"那种"就不是专指"人"或"言行"，而是指"不顾时代变化……伤天害理"等十多种了。】⑤由此归结到一点，我们杂文界同仁应该有自知之明，自力之行与自控之能，对国情、社情、褒贬对象和作者自身的情况，要切实调研，具体分析，实事求是。【其"归结"的弊病与前段一样，上下文并无分总的关系，而"我们杂文界同仁应该有自知之明……实事求是"，讲了多方面的问题，是没法用"一点"来归结的。】

三、①杂文是文学的一支，是比较富有时代敏感、社会脉搏、政治气息、思想倾向的文艺性论文。②它的发展繁荣之路是百花争妍，百鸟争鸣；其困境绝路是千篇一律，千人一面。③问渠哪得清如许，为有源头活水来；丰富激变的生活体验是绝对需要的。④什么时候脱离生活，什么时候就会文思僵化。⑤从生活经历中还要善于总结和吸收；像蜜蜂春蚕一样忘我劳动，抱奉献精神，"不怕蚕老茧成不庇身，蜂饥蜜成属他人"（唐白居易）。⑥理所当然，必须具备的素质是文采。⑦杂文作者要培养丰厚的文学功底，学求博杂的文学知识，创立独特的文学风格，含蓄真淳的文学情调，嬉笑怒骂，皆成文章，讽颂抑扬，均合时宜。⑧这是不易做到，又应当努力做到的。

这是第三点祝愿。我们平日教对学生作文最起码的要求是语言要通顺，语意要连贯。对一、二两点祝愿，我们着重在通顺方面进行了分析，对第三点祝愿主要从语意连贯方面来谈谈。

第三点祝愿共八句话。这段话的语意很不连贯。第①句是说杂文所具有的一些特点，第②句是说杂文发展繁荣的问题，第③句至第⑧句说的是杂文作者应该怎样。这三层意思没有内在的联系，是难以放在同一点祝愿中的。甚至在同一句话中前后意思也互不搭界，如第⑤句"从生活经历中还要善于总结和吸收；像蜜蜂春蚕一样忘我劳动，抱奉献精神，'不怕蚕老茧成不庇身，蜂饥蜜成属他人'（唐·白居易）"，分号前讲的是要善于总结和吸收，而分号后，蜜蜂春蚕比喻的却是忘我劳动，奉献精神。又如第⑥句"理所当然，必须具备的素质是文采"的"理所当然"，这话应该是承前而来，"当然"后的话，应该与"理所"前的话密切相关，可是"当然"后讲的是必须具备文采，与"理所"前的忘我劳动和奉献精神、总结和吸收并无关联。再如第③句"问渠哪得清如许，为有源头活水来；丰富激变的生活体验是绝对需要的"，句中的"丰富激变的生活体验是绝对需要的"，"丰富激变"本来就很生涩别扭，用它修饰生活体验，就更令人莫名其妙。生活体验会丰富激变吗？仔细揣摩，它大概是说丰富激烈多彩的生活的体验是绝对需要的。若是如此，体验前必须加个"的"，人们才会明白我们绝对需要的是体验"丰富激变"的生活，而不是丰富激变的生活体验。

现在从全文来谈谈。这篇祝词，虽然在形式上标了一、二、三，但其中任何一点，都没有一个统一的话题，没有一个中心，作者自己也根本难用一句话来概括它的段旨，所以，文中所谓"归结到一点"，既不是归结，也不是一点。并且三点之间的意思你中有我，我中有你，根本分不清楚。如第三点中的要忘我劳动，要抱奉献精神与第一点中的要端正自己的立场、观点、方法，应属同一方面的内容；第三点中的要体验生活，提高自己，与第二点中的对国情要切实调研，要有自知之明等话也是大同小异。

这篇祝词，语言方面的弊病除上面列举的外，还有不少，例如，长句中那些众多的并列短语东拼西凑、杂乱无章（如第二点中的第①句，第④句）、生造词语（如"一叶障目，不见阳阴"，"自力之行"）、语序不当、成分残缺（如"从生活经历中还要善于总结和吸收"）等等，这些弊病，读者不难看出，这里也无须赘言。

《敬献杂文界同仁》是篇祝词，是篇演讲稿。平日，在大众场合我们听人做报告或演讲，讲话人往往开头说：今天我要讲几个问题，几个什么问题，但是讲来讲去，信口开河，东拉西扯，前言不搭后语，讲第一个问题却在扯第三个问题，讲第三个问题却又回复在第一个问题上，甚至根本忘了自己要讲什么，自己在讲什么。为什么会这样，这主要是讲话者并没有真正想好要讲什么，按怎样的顺序讲，内容没有定好，思路没有理清，讲话时又想卖弄口才，卖弄文采，以示自己渊博和深刻，结果弄巧成拙。我认为《敬献杂文界同仁》的弊语病的病因主要是题不明思路不清。

（1991 年）

课文误读误导辩正

是自我解嘲的笑，是苦笑
——祥林嫂第二次笑之我见

祥林嫂说"你不知道他力气有多大呀"时，必定想到了初夜贺老六凭着力气大，强暴式地占有她的情状，她的笑也必定是苦笑，辛酸的笑，"惨然的一笑"。把一个女人在身心极为痛苦时，被一个还没有建立任何感情的男人用大力气制服她，强奸式的同她发生性的关系，说成是相亲相爱，理解为该女人身心得到了享受和安慰，这无异于是拿肉麻当有趣，见施暴而开心。

鲁迅先生在《祝福》中，先后两次写了祥林嫂的笑。关于第二次笑，马晓宁老师在《妙笔独运别具深意——析祥林嫂的"笑"》（《中学语文教学》2001年第7期）中说："当柳妈问她是如何依从了贺老六时，祥林嫂竟'笑'了起来，旋转眼光，自去看雪花。这是作为女人羞涩难堪的笑，还是回忆那段生活过得舒心的笑？显然都不可能……只能是作为一个女人，回忆与丈夫相亲相爱的情景，身心得到了享受和安慰，是人性真实自然的流露。"《语文学习》2000年第二期刊登的刘春老师的《祥林嫂的笑》也说祥林嫂的笑是因为"柳妈的盘问，勾起了祥林嫂对贺老六那一段短暂幸福生活的回忆"，祥林嫂的笑是"灿烂的笑"，是"悲惨人生画面上的一抹暖色。"马刘二位老师对祥林嫂的笑这样理解，实在令人难以苟同。

一个人的笑，其内涵是极其丰富的，并不是所有的笑都是表示愉悦和幸福。祥林嫂的笑到底是什么意思，必须弄清她的笑是在什么情况下引发的，是钊对什么而笑。

刘春老师引用的那段对话，如果不是先入为主，不是断章取义，是能够清楚地回答这个问题的：

"我问你：你那时怎么后来竟依了呢？"

"我么？……"

"你呀。我想，这总是你自己愿意了，不然……"

"阿阿，你不知道他力气有多大呀。"

"我不信。我不信你这么大的力气，真会拗他不过。你后来一定是自己肯了，倒说他力气大。"

"阿阿，你……你倒自己试试看。"她笑了。

祥林嫂为了反驳"你后来一定是自己肯了"，为了说明"他力气有多大"，自己确实"拗他不过"，说了"你倒自己试试看"，但话一出口，她就意识到了自己说漏了错，说了极荒唐可笑的傻话：在男女关系方面，一个女人能让别的女人同自己的丈夫去"试试看"吗？贺老六已经死了，柳妈还能跟他去"试试看"吗？由于"试试看"的话太荒唐可笑，祥林嫂自己忍不住笑了。这笑纯是由"你倒自己试试看"而引发的，这笑的是自己，这是自我解嘲的笑。

另外，祥林嫂是在反抗改嫁，额角撞了个大窟窿后，被人七手八脚地将她和贺老六反关在新房里，并且关进房里后一直还是骂。"那时怎么后来竟依了呢"中的"那时"，显然是指"拉出轿来，两个男人和她的小叔子使劲擒住她也拜不成天地"的时候，是指"他们一不小心，一松手……她就一头撞在香案角上"的时候，"那时"的"后来"，只是指她与贺老六被反关在新房里的初夜时，并非是多夜多次后，更不是怀了阿毛后，祥林嫂说"你不知道他力气有多大呀"时，必定想到了初夜贺老六凭着力气大，强暴式地占有她的情状，她的笑也必定是苦笑，辛酸的笑，"惨然的一笑"。把一个女人在身心极为痛苦时，被一个还没有建立任何感情的男人用大力气制服她，强奸式的同她发生性的关系，说成是相亲相爱，理解为该女人身心得到了享受和安慰，这无异于是拿肉麻当有趣，见施暴而开心。

正因为祥林嫂的笑是自我解嘲的笑，是苦笑，鲁迅才写"柳妈打皱的脸也笑起来，使她蹙缩得像个核桃"，才把她的笑写得这样难看，写得这样心怀恶意。这也充分揭示了柳妈的话和她看着祥林嫂的额角，盯着祥林嫂的眼，是在咀嚼赏鉴祥林嫂的悲哀。所以祥林嫂"立刻敛了笑容，旋转眼光，自去看雪花"；所以以后只要听到"你那时怎么肯了"的话，她就"总是瞪着眼睛，不说一句话，后来连头也不回了。"这不清楚地说明了祥林嫂的笑不是"柳妈的盘问，勾起了祥林嫂对贺老六那一段短暂幸福生活的回忆"而引发的。祥林嫂自去看雪花，显然是回避柳妈的目光，是对柳妈厌恶、愤恨的表示。马文中竟把祥林嫂的笑和自去看雪花，连写在一起，相提并论，竟说成了都是在回忆与丈夫相亲相爱的情景，这就更与原文原意风马牛不相及了。

马文为写笑立论找据，甚至先入为主，主观臆造，如把祥林嫂捐了门槛后，"她便回来，神气很舒畅，眼光也格外有神，高兴似的"，把凸显祥林嫂被封建迷信欺骗毒害而无知的神态，说成是祥林嫂的第三次高兴的笑，说《祝福》中这些话是笑的描写，并且还归结为"从家中逃出，到鲁家，笑——强卖迫嫁，到贺家，笑——第二次到鲁家，捐门槛，笑——最后悲惨地死"，把祥林嫂在鲁镇自我解嘲的笑，说成是在贺老六家得到了享受和安慰的笑，把并非真正高兴的"高兴似的"，写成了喜悦洋溢在脸上的笑，这些写法，不仅不符原文，我觉得态度也是不严肃的。

（2001 年）

是泛指，不是特指

——《项链》中的"也是"之我见

从小说开头部分的这些叙述中，可知作者用"也是"的前提显然就是法国当时许多漂亮的姑娘凭着自己的美丽动人跻身于上流社会，获得了虚荣和享受的社会现实。若问玛蒂尔德原先和谁一样，是一个美丽动人的姑娘呢？那么这个"谁"，显然不是特指佛来思节夫人，而是泛指玛蒂尔德耳闻目睹的许多已跻身于上流社会的美丽动人的姑娘们。

《读写月报》综合版 2000 年元月号周年昌先生的《她也是个美丽的动人的姑娘》说："《项链》中劈面第一句话'她也是一个美丽动人的姑娘'，这'也'字用得似嫌突兀——那么跟谁比较呢？这是小说的起句，当然不存在前比的问题。那么只能跟本文中的人比。细细研读作品，我们发现，莫泊桑是在拿'她'跟本文中佛来思节夫人比，因为佛来思节夫人领着孩子在极乐公园散步时，作者曾这样描述道：'她依旧年轻，依旧美丽动人。'"

《语文学习》1985 年第二期中杜秉庄先生的《〈项链〉教学点滴谈》，在回答"路瓦栽夫人原先和谁一样是一个美丽动人的姑娘呢？"的问题时，也断定这个"谁"就是佛来思节夫人。对于这个断定我实在不敢苟同。在读了杜文后，在讲《项链》时，我特意针对杜文的观点与同学谈了自己的不同看法，现将我的看法写出来，同周、杜两位先生商榷。

在"她也是一个美丽动人的姑娘"后，作者紧接着写道："好像由于命运的差错，（玛蒂尔德）生在一个职员家里，她没有陪嫁的资产，也没有什么法子让一个有钱、有体面的人认识她，了解她，爱她，娶她；最后只得跟教育部的一个小书记结了婚。"我认为这些话无异于就是"也"字的注脚，它在告诉读者：路瓦栽夫人耳闻目睹了许多个美丽动人的姑娘，只要出身在富贵人家，有陪嫁的资产，或者即使出身并非高贵，只要有法子使有钱的、体面的人认识她，了解她、爱她、娶她，就都（或大部分）能跻身于上流社会，"过着高雅和奢华的生活"。因此，玛蒂尔德就形成了这样一种观念："在妇女美丽、丰韵、娇媚、就是她们的出身；天生的聪明，优美的资质，温柔的性情，就是她们唯一的资格。"而她自己"也是一个美丽动人的姑娘"，具有这样的身价和资格。因此，"她觉得她生来就是为着过高雅和奢华的生活"。"她一向就想望着得人欢心，被人艳羡，具有诱惑力而被人追求"。可她最后只得跟教育部的一个小书记结了婚，住宅寒伧，衣料粗陋，没钱打扮，穿得朴朴素素，"她觉得很不幸，好像这降低了她的身价似的"。从小说开头部分的这些叙述中，可知作者用"也是"的前提显然就是法国当时许多漂亮的姑娘凭着自己的美丽动人跻身于上流社会，获得了虚荣和享受的社会现实。若问玛蒂尔德原先和谁一样，是一个美丽动人的姑娘呢？那么这个"谁"，显然不是特指佛来思节夫人，而是泛指玛蒂尔德耳闻目睹的许多已跻身于上流社会的美丽动人的姑娘们。因此，"也是"不能仅理解为只能与后文相比，只能跟本文中直接出现了的人物比。正因为玛蒂尔德要把自己与她所见所闻的许多跻身于上流社会的美丽动人的姑娘比，想望着也能得人欢心，被人艳羡，过上高雅和奢华的生活，才导致了她借项链、失项链、赔项链，很快地老得连老朋友佛来思节夫人见了她也惊讶地叫着"你怎么变成这样了"的悲剧。要是那个"谁"，只是指佛来思节夫人，仅此一人，难道就能形成"在妇女美丽、丰韵、娇媚、就是她们的出身，天生的聪明，优美的资质，温柔的性情，就是她们唯一的资格"的观念？如果仅凭一人就形成了这样的观念，并由此导致终身悲剧，那么悲剧中的主人翁，又值得多大同情呢？莫泊桑塑造的这个路瓦栽夫人的形象又有什么典型意义呢？并且如果这个"谁"是特指佛来思节夫人，玛蒂尔德比的只是她，因她而愤愤不平，那么，她们之间的友情就令人难解。而佛来思节夫人对一个老是在同自己攀比的女人惊叫着"你怎么变成这样了"，就显得像个愚陋的农妇一样没有修养，玛蒂尔德说出自己赔项链的事后"带着天真得意的神情笑了"也就很不合情理。难道莫泊桑是一个这样低能的作家？

只有将"她也是一个美丽动人的姑娘"与玛蒂尔德耳闻目睹的许多出身于富贵人家、有陪嫁的资产，或者出身并不高贵却有法子让有钱的体面人认识她、了解她、爱她、娶她的美丽动人的姑娘们比，才能理解路瓦栽夫人这个形象的悲剧意义，才能理解《项链》揭示的金钱万能的资本主义社会的本质，也只有这样才能看出莫泊桑语言的精确，艺术的高超，仅用一个"也是"，就将主人翁生活的社会环境，小说的时代背影概述出来了，将主人翁不平、怨恨、悲伤的氛围营造出来了。小说开头劈面的"她也是一个美丽动人的姑娘"，真正是下笔不凡，令人叹服。

至于小说最后一部分，路瓦栽夫人在极乐公园遇到了佛来思节夫人，见她"依旧年轻，依旧美丽动人"的话，重点词应该是两个"依旧"，是作者为了反衬路瓦栽夫人美丽消褪快，外貌变化大，使悲剧的气氛更加浓郁。如果只看到"美丽动人"几个字，就以为作者是在照应开头的"美丽动人"，是在就"也是"进行后比，那么，这个"也"字不是"用得似嫌突兀"，简直是用得太莫名其妙，后面的"照应""后比"也就写得太平庸，若是这样那莫泊桑也就不是短篇小说大师莫泊桑了。

（2000年）

不是由近及远，而是由远及近
——《荷塘月色》练习二之我见

　　总之，我认为《荷塘月色》的第四段，按照驻足观察顺序，视线不是由近及远，而是由远及近，依次是：弥望的田田的叶子——像舞女的裙的叶子——层层的叶子中间的白花——花叶的颤动、凝碧的波痕——脉脉的流水、风致的叶子。

　　高中语文第三册《荷塘月色》后的练习第二题"认真诵读第四段，说说这一段依次写了哪些景物，是按照怎样的顺序写的。"人民教育出版社的《教师教学用书》（1997 年版）提供的答案是："第一问，先写茂密的荷叶，次写多姿多态的荷花以及阵阵传来的荷香，最后写叶子和花的一丝颤动和脉脉的流水。第二问，这是按照驻足观察的顺序，视线由近及远，由上而下来写的。""由近及远"的话也是沿袭人民教育出版社以往的教参书的。现将第四段抄录于下，看看到底是由近及远，还是与之相反——由远及近。

　　"曲曲折折的荷塘上面，弥望的是田田的叶子。叶子出水很高，像亭亭舞女的裙。层层的叶子中间，零星地点缀着些白花，有袅娜地开着的，有羞涩地打朵儿的；正如一粒粒明珠，又如碧天里的星星，又如刚出浴的美人。微风过处，送来缕缕的清香，仿佛远处高楼上的渺茫的歌声似的。这时候叶子与花也有一丝的颤动，像是闪电般，霎时传过荷塘的那边去了。叶子本是肩并肩密密地挨着，这便宛然有一道凝碧的波痕。叶子底下是脉脉的流水，遮住了，不能见一些颜色；而叶子却更见风致了。"

第一句"弥望的是田田的叶子"中的"弥望"，说的是视野所及之处很阔远。白花是在层层的叶子中间，可见看白花比弥望的是田田的叶子其视野窄了近了。"叶子与花也有一丝的颤动……宛然有了一道凝碧的波痕"，颤动的叶子与花是属于上文中的叶子和花之内，在月光下能观察到"一丝的颤动"和"凝碧的波痕"，能看得这样真切，这样细微，视点又必定更近了。至于"叶子底下脉脉的流水……叶子更风致了"指的是颤动的叶子和颤动的叶子底下的流水，能看清楚花的姿态，能觉察到水的情态，这花和水无疑是指最近处的面前的花和水。由此可见，作者按照驻足观察的顺序，视线明明由远及近，怎么是由近及远呢？

如果联系第五段去看，说第四段的视线是由近及远，就更加显而易见不合文义。

第五段说"月光是隔了树照过来的……弯弯的杨柳的稀疏的倩影，却又像是画在荷叶上"，这些荷叶显然是靠近荷塘对岸的树边的。而"月光如流水般的静静地泻在这一片叶子和花上……叶子和花仿佛在牛乳洗过"，"这"一片叶子和花就是第四段所写的叶和花，这些话表明树影落不到"这"一片叶子和花上，它们离作者驻足处比被树的倩影画着的荷叶近，比弥望的田田的叶子所弥望的边际更近。

我先后听过两堂《荷塘月色》的公开教学课，那两位执教的老师大概受了教参书上的"由近及远"的误导，并为了讲实讲透这一"写作特点"，他们竟在黑板上这样写着："由近及远：荷塘上面——远处高楼——荷塘那边"！作者在第四段只是写月光下的荷塘美景，讲课者竟将它讲成除荷塘外还在写远处高楼和荷塘那边！

"远处高楼"前有"仿佛"，后有"歌声似的"，运用的是通感，"远处高楼"，不是作者眼中的视现物，板书的谬误显而易见。而"荷塘那边"的那边，不是指荷塘的对岸，而是指颤动着的荷花的前边或旁边。从"微风过处，送来缕缕的清香"这句话理解，如果微风将清香是迎面送来，那么花叶的颤动就应该是随风从对面传到"这边"来了。这也许是"一丝的颤动"，太细微了，作者先察觉到这边（面前）的颤动，继而看见稍远点的那边也在颤动，按视觉的先后从而写成传过"那边"，这边那边都是指比倩影处更近的近处。或许作者站在曲曲折折的荷塘凹弯处，清香是微风从身后或旁边送来的，这"那边"相对微风过来的"这边"而言，是就传过的方向而言，"那边"也必定不是远指，更不是在弥望的田田的叶子之外。

总之，我认为《荷塘月色》的第四段，按照驻足观察顺序，视线不是由近及远，而是由远及近，依次是：弥望的田田的叶子——像舞女的裙的叶子——层层的叶子中间的白花——花叶的颤动、凝碧的波痕——脉脉的流水、风致的叶子。

（1998 年）

高考选文考题异议

意在"整形"不属"手术事故"

——对 1996 年高考作文题中漫画理解正误

我们只有扣住"整"字"形"字去理解画意，想想为什么要"整"，整成什么样的"形"，为什么要整成这样的形，这样去思考才能真的明白漫画讽刺的对象是什么，才能揭示它的主旨和寓意，若从讽刺"手术事故"的角度去理解，那就太肤浅了。若两幅漫画的主旨都是讽刺手术事故，没有区分度，叫考生都从手术事故的角度去立意命题，那这个作文题岂不出得太没水平？

1996 年高考全国卷的大作文题是叫学生观察比较《给六指做整形手术》和《截错了》两幅漫画，以《我更喜欢漫画〈 〉》为题写一篇议论文。前一幅漫画是一只长有六个手指的手，整形后大拇指被整除，多余的第六指却留着，第二幅是医生将坏掉的应该截除的左腿留着，却把好的右腿截掉了。

对这两幅漫画怎样理解？怎样比较？高考阅卷时，我们江西省语文阅卷组的负责人向我们阅卷老师宣布：这两幅漫画都是讽刺"手术事故"，这是阅卷领导小组一致认可了的，是不允许争论的指令性意见。提供给阅卷老师的评分样卷，也都是以这一条作为对两幅漫画主旨的理解是否正确的标准。高考阅卷后，各地语文报刊上登载的高考优秀作文，几乎也都是从《给六指做整形手术》与《截错了》都是讽刺""手术事故""的角度去比较、去联想、去立意。可见漫画中为整形整除大拇指与截错了大腿都被当作"手术事故"，几乎成了公认定论。

我认为《截错了》和《给六指做整形手术》的主旨是绝不能等同的。《截错了》是讽刺""手术事故"，即讽刺那种没有责任心、缺乏职业道德的人和事，这是显而易见没有异议的。但《给六指做整形手术》也从讽刺"手术事故"的角度去理解，这既无视关键的"整形"二字，对"手术事故"一词也是一种曲解，对漫画的主旨更是一种误解，现将我的理由陈述如下。

先看漫画的题目。根据画面，"给六指做整形手术"这句话既可以理解为医生缺德失责，给六指做整形手术，居然把大拇指截掉，留下多余的第六指，抨击的对象是"手术医生"；也可理解为"六指"本人要求医生给自己做整形手术，整掉大拇指，在"六指"的心目中，那留下的五个手指并列一起，比他人正常的五指"形美好看"，嘲讽的对象是"六指"本人。如果漫画抨击的是"手术医生"那这漫画就显得太没有生活根基，立意也太浅薄了。因为缺乏责任心的、粗心的医生把凭外现较难区分好坏的腿截错了，发生这种医疗事故是可能的、可信的，纵然全是夸张也是合情理的。而区分大拇指与多余的第六指一目了然，任何一个神经正常的医生决不会把大拇指当作多余的第六指截掉。艺术作品可以对事实进行夸张，若毫无根据地凭空臆造就显得虚假荒谬无意义了。如果不是按六指本人的要求"整形"，而是医生违背"六指"本人的意愿把大拇指截掉了，这只能理解为医生故意恶作剧，是恶棍对弱者的强暴。这种恶行是不能称为平常所说的"手术事故"。

所谓"手术事故"，是一种责任事故，按《辞海》解释，责任事故是由于设计、管理、施工或操作时的过失所引起的事故，是意外的破坏或伤害。可见"手术事故"是指做手术时因过失而发生意外的伤害。而《给六指做整形手术》，截除大拇指，如果是医生根据六指本人美丑喜恶的标准，按照他本人的要求进行整形"美容"，显然这是医生的职业，正常的手术，不是事故。如果是医生凭着自己的意愿和握着手术刀的权力欺蒙或强行把大拇指割去，这当然也不属"手术事故"，而是故意伤害。因此，无论从哪方面去理解，说《给六指做整形手术》是讽刺"手术事故"是不合画意，是没有正确理解原漫画的主旨。有些医务人员正是浅薄地错误地从"手术事故"这个角度去理解《给六指做整形手术》，理解成对医生无中生有的污蔑和诽谤，于是对这幅漫画，尤其是对将它选作高考作文题材愤愤不平，这显然是对漫画主旨的曲解。

好的漫画都能引发读者丰富的联想，能给读者二度创作广宽的空间。《给六指做整形手术》如果是讽刺"手术事故"，那画面太直白了，一览无遗，并且如前所叙，与题目上的"整形手术"的"整形"不相吻合，漫画所有的讽刺幽默也就荡然无存。它和《截错了》虽然画的内容同是将好的截掉了，将无用的留着，同具有对不分好坏混淆黑白颠倒是非一类品行的讽刺性，但《截错了》是因为医生缺乏责任心，缺乏职业道德，错误地把好腿截掉了，说它讽刺"手术事故"无可置疑。而《给六指做整形手术》应侧重从"整"字"形"字上去理解，它是六指本人或医生有意将大拇指截掉，将其余五指整成整齐划一的队形。它显然是幽默地含蓄地讽刺那种以丑为美、以耻为荣、以错为对、以非为是等等不良习气和品行，抨击类似那些出于私心私利用美名、用强权整除自己看不顺眼的优秀人才的人和事。我们只有扣住"整"字"形"字去理解画意，想想为什么要"整"，整成什么样的"形"，为什么要整成这样的形，这样去思考才能真的明白漫画讽刺的对象是什么，才能揭示它的主旨和寓意，若从讽刺"手术事故"的角度去理解，那就太肤浅了。若两幅漫画的主旨都是讽刺手术事故，没有区分度，叫考生都从手术事故的角度去立意命题，那这个作文题岂不出得太没水平？

（1996 年 8 月 5 日）

附：1996 年高考作文题

仔细观察下面《给六指做整形手术》和《截错了》两幅漫画，完成32—33题。

33题："在一次漫画欣赏会上，对这两幅漫画，有人说这幅好，有人说我喜欢那幅，那么你呢？请以'我更喜欢漫画《　》'为题，写一篇议论文，表达你的看法。"

别用奇文怪题考学生——现代文阅读题例析

用类似上面的奇文怪题来教学生考学生，用"盲人骑瞎马"来比喻，大概也不算太刻薄。想想看，学生们由于辨识能力低，盲信铅印的考卷考题，尤其是盲信被誉为优秀语文期刊上的模拟题、测试题，从而把其中的病文错题也当成佳作妙题去冥思苦想，最终还是理解不了或解答出来的与命题者的答案不符，就自叹浅薄，自视无能，从而自卑，丧失信心……用这种病文错题教学生考学生，这不有把学生引入"深池"的危害吗？

现代文阅读考试目的，是检测学生在快速阅读中准确理解获取有效信息的能力。这个目的能否达到，首先要判定所选的用来命题的现代文本身是否表述准确，文理是否通顺，它所含的信息是否有效可信。假如所选的文章或文段语言怪异，内容荒诞，而命题者又缺乏辨识能力，以非为是，以错为对，或根本不明白原文到底在说什么，就贸然把它选作命题材料，从中出一些似是而非令人莫名其妙的题目，然后把它印出来，卖给学生去做，这不仅不能真实地检测学生的阅读理解能力，反而把学生弄糊涂，甚至把他们引入歧途。现在泛滥成灾的训练题、模拟考试题、阶段检测题等等试题试卷中，这种令人莫名其妙的奇文怪题，简直比比皆是。抄录在下面的就是一个典型的例子。它是发行量较大并被评为优秀的语文月刊的《读写月报》1997年第一、二期合刊上的《1997年高考语文模拟测试（卷二）》中的一道现代文阅读题。让我们先看看被选文段的"奇"，笔者于"奇"处标上了序号，并用括号逐号简评于后，然后再谈从中出的试题的"怪"。

题目及简析于下：

虽然智力是重要的，但是许多其他因素都有助于形成一个人的能力、才能的模式①。即使很精致的、多方面的智力测验也越来越明显地表现其预测能力是有限的。【①"模式"是指某种事物的标准形式，或使人可以照着做的标准形式，能力、才能不可能形成固定的模式。如果真能形成固定的模式，人们必定能准确地把它预测出来，而不是"其预测能力是有限的"】并且，不管是怎样测得的智力，都不是一种固定不变的属性，它能够戏剧性地被改造②。【②智力能被开发，会发展，会衰退，但没有改造智力的说法，"戏剧性地被改造"是何意，就更难明白了。】决定我们有多聪明的某些因素在某种程度上是受社会控制的。如我们所知，某些简单的——并且是可变的——事物③，如（母亲或儿童的）营养能够对智力发展产生很大的影响，这种知识必然驱散那种不幸的神话，【③"并且"表意思的递进，而"可变的"却是不"简单的"，它们是转折关系。把"营养"归属于事物不伦不类。】即把智力看作一种从受精之日起就披上的紧衣④，它把每个人可能实现的志向限制在狭窄的范围之中。【④"把智力看作……紧衣"，无需这样绕圈子，直说把智力看作天生的或遗传的，岂不通俗简洁？并且，用紧衣来比喻，既不形象，更不贴切。】此外，我们将变成什么样，其中也有⑤我们的动机和个性的原因【⑤"此外……其中也有"，无异在说，一个人变成什么，他本人的动机和个性（即内因）是次要的，但众所周知，内因是主要的，是变化的根据】。所以我们不得不承认，能力既不能保证一种有价值的和受到尊重的生活，也不能阻止它⑥。【⑥根据"能力既不能保证……也不能阻止它"去理解："能力"应该是"阻止"的主语，"它"是"阻止"的宾语，"它""指代一种价值的和受到尊重的生活"。一个人不可能也不会用自己的能力去阻止自己的有价值并受尊重的生活，这无需说，而用于阻止别人却不是不可能的。】不是所有的人都有同样的潜能。哪一个人都能想成为什么样，就能成为什么样，这是不真实的。但是——而这⑦正是事情的关键——对于我们每个人来说，都有许多不同敞开着⑧的可能性。若每个人充分发挥他的潜能，

而且社会也容许并鼓励他这样做，_____。【⑦根据语序"这"似指代"哪一个人……的不真实的"，但根据语意"这"是指代后面的"都有……可能性"，因此宜把"而这正是事情的关键"挪到"可能性"后，并除掉两个破折号。⑧"都有……敞开着的可能性"令人费解，是否是说都有能想成为什么样就能成为什么样的可能性？若是，这"敞开着"，实在没敞开，无论从哪种词义上去理解，都叫考生摸不着头脑。】

上面选段只有四百多字，笔者让自己所任的高四文科班的同学用十五分钟阅读并写出它的主要意思是什么。十五分钟过后，我检查，发现学生们几乎都写不出来，他们说，读了后不知所云。这难怪学生。仔细揣摩上面的选段，无非是说智力不全等于能力，能力是受到社会制约，也与他本人的"动机和个性"有关，一个人如果能充分发挥他的潜能，而且社会容许并鼓励他，他就可能想成为什么样，就能成为什么样。但作者故作高深，装腔作势，结果使读者感觉"比看难懂的古文还难懂"（学生语）。而命题者也根本没弄清那两段话到底在讲什么，就想当然地从中命出了四道题。这四道题，要么浅显容易得无需思考就能找到答案，要么费尽心思也无法理解命题者的答案。前者如第一题："'它把每一个人可能实现的志向限制在很狭窄的范围之中'句中的'它'是指代什么？"这几乎只要认得"它"前面的字，就可知道"它"是复指"把智力看作……紧衣"。又如第三题："短文末尾的横线处应填入的句子是（　）"，答案中的四个选项是：

A.那么，这些可能性是能够实现的。

B.那么，人们就能获得同样的潜能。

C.这些可能性也未必能实现。

D.人们就能"想成为什么样，就能成为什么样。"

根据被填句前的"可能性"和"若"是极容易确定答案是A，何况B、C、D中的"获得潜能""未必能""就能"，一看就可认定与前面的话接不来应删除。后者，即没法明白命题者答案的，如第二题："对'能力既不能保证一种有价值的和受到尊重的生活，也不能阻止它'这句话理解正确的一项是（　）"，其答案是"B.能力既不能单独决定人的发展，也不能一成不变地决定人的发展"。这答案中"一成不变地决定"表意不清，不知所云，而"能力既不能保证一种有价值的受人尊敬的生活，"无非是拐弯抹角地说有能力的人不一定就能对社会做出较大贡献和得到较高的社会地位，答案把它理解为"能力既不能单独决定人的发展"纯粹是主观臆断，根本不是什么正确理解。

用类似上面的奇文怪题来教学生考学生，用"盲人骑瞎马"来比喻，大概也不算太刻薄。想想看，学生们由于辨识能力低，盲信铅印的考卷考题，尤其是盲信被誉为优秀语文期刊上的模拟题、测试题，从而把其中的病文错题也当成佳作妙题去冥思苦想，最终还是理解不了或解答出来的与命题者的答案不符，就自叹浅薄，自视无能，从而自卑，丧失信心……用这种病文错题教学生考学生，这不有把学生引入"深池"的危害吗？

（1997 年）

高考卷荒唐的选文和命题
——评2006年江西卷白话文选文及其试题

　　每年的语文高考卷，其中的白话文阅读题往往最令人头疼，如果不是经过反复训练多次应试的高中生去做，其他人是极难做得符合标准答案，甚至很可能文化程度越高深者得分越低。2006年江西卷的白话文阅读题（即第五大题，共21分），若请文科的专家学者去做，大概没有一个人会及格。2006年江

　　每年的语文高考卷，其中的白话文阅读题往往是最令人头疼的题目，如果不是经过反复训练多次应试的高中生去做，其他人是极难做得符合标准答案，甚至很可能文化程度越高深者得分越低。2006年江西卷的白话文阅读题（即第五大题，共21分），若请文科的专家学者去做，大概没有一个人会及格。下面请读者先看看笔者在文后附上的选文和命题，然后我们再来看看选文和命题有多荒唐。

　　江西卷所选的《秋光里的黄金树》（以下简称《树》，附后）是节选自《周涛散文·伊犁秋天的札记》，文后共有四个题目，一、四题（即16、19题）着眼于文章的内容主旨，二、三题（即17、18题）是关于修辞的赏析和对词语的理解。下面先从16、19题谈起。

　　第19题："结尾作者呼吁'对树充满敬意吧'，文章是如何逐层表现这一主旨的？"

　　命题者提供的标准答案是"由秋天的表情，写到落叶及孩子和老人对落

叶的态度，接着写树的成熟完美和作者对树的赞美，然后写树木被人类摧残的命运及作者的忧虑谴责，最后写到作者的呼吁，从而揭示了文章的主旨"。这个题目和答案告诉我们，《树》是逐层揭示主旨的。但是结尾的"因此"明白无误地标示着文章的主旨并非是逐层揭示出来的，而是篇末现旨。结尾的全句"因此，对树充满敬意吧——从现在开始，对任何一棵树充满敬意，就像对自己的上司那样"，显然主旨紧承"因此"而出，而"此"是指代"因此"前一行的"但那将是多么滑稽的一页呀"，也即指代人类把自然界的树砍光后却去"复制一棵真正的树"。可见这个主旨是作者在篇末直白地表现自己的情感和期望。篇末现旨与全文逐层表现主旨，其内容的取舍，结构的安排，表现的手法等显然不能等同。篇末现旨是前面的文段里蕴含了这个主旨的相关内容，结尾才把主旨本身揭示出来。逐层表现主旨是指主旨存现在全文中，文中一层一层都在揭示、证明、阐述这个主旨。命题者似乎并没细看原文，就按老套路套出"如何逐层表现这一主旨"的题目，考生如何能回答出这个"如何"呢？大概为了自圆其说，命题者竟把秋天我行我素无所顾忌与透出凄凉的表情，和瘦老头烧落叶等，都说成是在逐层揭示"对树充满敬意"的主旨，甚至作者最后呼吁"对树充满敬意吧"，也是揭示"对树充满敬意"的一个层次，即给出了主旨本身也是揭示主旨的一个层次的荒诞答案。

第16题："作者写秋天的落叶，为什么要联系孩子和老人来写？"高考卷提供的标准答案是："人类要爱护自然，珍惜自然豪华慷慨的赠予，或突出天真的孩子和睿智的老人，能与自然和谐相处。"这答案也是叫人摸不着头脑。如果说小女孩拾起一片落叶，她喜欢它，把它当成一幅画，这是珍惜自然的赠予，说是爱护自然与自然和谐相处也不算太拔高，不算太牵强附会，但说瘦老头把落叶扫成一堆烧掉也是如此，实在叫人百思不解。烧落叶，若在城里，毒化空气，污染环境；若在乡村，落叶可做肥料，烧掉可惜，这怎与珍惜自然和谐相处之类挨上边呢？瘦老头烧落叶时，"飘出一股佛家思绪"，这思绪倒是与被烧的落叶和叶烟相和谐。众所周知，佛就是觉者。瘦老头之所以会飘出一股佛家思绪，大概觉得自身也像一片落叶，也将化成灰烬，化成青烟，自己也将"出世"，将"解脱"，因此"老人吸着这两种烟，精神

202

和肉体都有了某种休憩栖息的愉悦"。因此他与所有的在落叶面前显得高傲冷漠的人不同，他怜惜落叶，这怜惜不过是睹叶思己，感叶伤怀，"同病相怜"罢了。这只能透露出瘦老头一种无奈的出世的心态，实难突出他的什么睿智及和谐。

第17题："请从修辞手法和表达效果两方面，对文章划线段落加以赏析"。划线的这一段话，我觉得它并非是什么美句，没什么好赏析的。全段两百多字，只写了树的站姿和美羽，作者反复说它端庄肃立，姿势高雅优美，"是一种人类无法摹仿的高贵站姿，令人惊羡"。但它到底从哪里显示出了端庄、高雅和高贵，读者一点也看不到。并且高贵是描写人的词，只有人类的德行、容姿、身份等才有高贵与卑贱之分，人类无法摹仿的高贵站姿，能是一种什么样的站姿？难道这站姿只有其他动物或植物才能摹仿得到吗？但人类以外的动物或植物才能摹仿的站姿又算什么高贵呢？而那"美羽"的主语是树，作者说着说着喧宾夺主，宾语"美羽"变成了主语，"它们……浑身披满了待落的美羽，就像一群伞兵准备跳伞，商量，耳语，很快就将行动"。快要坠落的叶子才会像准备跳伞的伞兵，难道"端庄肃立"的树会随着落叶跳落下去吗？就是这样的病语和空话，命题者竟要考生从修辞和表达效果两方面赏析，这不是太强人所难么？

第18题是词语理解，其中的一句是，"那将是多么滑稽的一页啊！"这话这题本身就有些滑稽。"我忽然想到，当地球上砍伐掉最后一棵树的时候"，那时"人类肯定是更发达更神奇了，甚至可能会复制一棵真正的树，成为科学史上崭新的一页"，一面对人类的自控能力那样悲观绝望，一面又对人类的前景想象得如此神奇美好，作者这种"肯定"的、"崭新"的、两个极端而又自相矛盾的思想，不是也很滑稽吗？选用有弊病的文段当作美文来命高考题，以至命得题文相脱，滑稽可笑，套用18题答案中"是极其荒唐可笑"的话来说，这样选文和命题也是极其荒唐可笑的。

附：2006 年江西卷阅读题

阅读下面的文字，完成 16 ～ 19 题。

秋光里的黄金树

这里就正是秋天。

它辉煌的告别仪式正在山野间、河谷里轰轰烈烈地展开：它才不管城市尚余的那三分热把那一方天地搞得多么萎蔫憔悴呢，它说"我管那些？"说完，就在阔野间放肆地躺下来，凝视天空。秋天的一切表情中，精髓便是：凝神。

那样一种专注，一派宁静；

它不骄不躁，却洋溢着平稳的热烈；

它不想不怨，却透出了包容一切的凄凉。

在这辉煌的仪式中，它开始奢侈，它有了一种本能的发自生命本体的挥霍欲。一夜之间就把全部流动着嫩绿汁液的叶子铸成金币，挥撒，或者挂满树枝，叮当作响，掷地有声。

谁又肯躬身趋前拾起它们呢？在这样豪华慷慨的馈赠面前，人表现得冷漠而又高傲。

只有一个孩子，一个女孩子。她拾起一枚落叶，金红斑斓的，宛如树的大鸟身上落下的一根羽毛。她透过这片叶子去看太阳，光芒便透射过来，使这枚秋叶通体透明，脉络清晰如描。仿佛一个至高境界的生命向你展示了它的五脏六腑，一尘不染，经络优美。"呀！"那女孩子说，"它的五脏六腑就像是一幅画！"

还有一个老人，一个瘦老头，他用扫帚扫院子，结果扫起了一堆落叶。他在旁边坐下来吸烟，顺手用火柴引着了那堆落叶，看不见火焰，却有一股灰蓝色的烟从叶缝间流泻出来。这是那样一种烟，焚香似的烟，细流轻绕，柔纱舒卷，白发长须似地飘出一股佛家思绪。这思想带着一股特殊的香味，黄叶慢

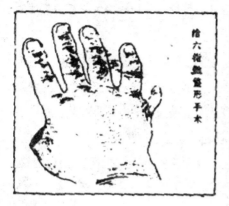

给六指畸形手术

慢燃烧涅槃的香味，醒人鼻脑。老人吸着这两种烟，精神和肉体都有了某种休憩栖息的愉悦。

这时的每一棵树，都是一棵站在秋光里的黄金树，在如仪的告别式上端庄肃立。它们与落日和谐，与朝阳也和谐；它们站立的姿式高雅优美，你若细细端详，便可发现那是一种人类无法摹仿的高贵站姿，令人惊羡。它们此时正丰富灿烂得恰到好处，浑身披满了待落的美羽，就像一群缤纷的伞兵准备跳伞，商量，耳语，很快就将行动……大树，小树，团团的树，形态偏颇的树，都处在这种辉煌的时刻，丰满成熟的极限，自我完美的巅峰，很快，这一刻就会消失，剩下一个个骨架支楞的荒野者。

但是树有过忧伤么？

但是树有过拒绝落叶的离开么？

当然没有。它作为自然的无言的儿子，作为季节的使者和土地的旗帜，不准备躲避或迁徙，这是它的天职。

当我们在原野上看到一棵棵树的时候，哪怕是远远地，只看见团团的、兀然出现在地面上的影子，我们也会感到这是自然赐给我们的一番美意。当然随之我们就会遗憾太少，要是更多一些该多好，要是有一片森林该多好！但是毕竟是因为有了这几棵树才引起我们内心更大的奢望。

对森林的奢望，是每个人对远古生活本能的回忆和依恋。

荒野是那么寥廓；

荒野上的道路是那么漫长；

原先驻守在这片荒野上的树呢？它们曾经无比强大，像一支永远不可能消失的大兵团，密集的喧哗的笑声，仿佛在嘲笑一切妄想消灭它们的力量，而且它们拥有鸟类和众多的野兽，这些鸟兽类也不相信森林会消失。

但是时间被人利用了；

时间使人成了最强大的；

人类坚持不懈地努力着，一斧头砍死一棵树，就像杀死一个士兵，最终，整个兵团消失了，连骨头也不剩。

后来的人，谁还记得荒原不久以前的童话呢？关于树的呼吁已经很多了，我不打算重复了。我只是觉得，树在中国北方像流窜深山的小股残匪一样悲惨。

我忽然想到，当地球上砍伐掉最后一棵树的时候，人类肯定是更发达、更神奇了。但是那时人类将用什么办法复制一棵树呢？复制一棵真正的树——会增长年轮的、会发芽、开花、结果、叶子变成金币自动飘落的树——假如有谁可以做到，那无疑会成为科学史上的崭新一页。

但那将是多么滑稽的一页呀！

因此，对树充满敬意吧——从现在就开始，对任何一棵树充满敬意，就像对自己的上司那样。

16. 作者写秋天的落叶，为什么要联系孩子和老人来写？（4分）

17. 请从修辞手法和表达效果两方面对文章画线段落加以赏析。（6分）

18. 结合原文，理解下列词语和句子的含义。（6分）

（1）童话

（2）那将是多么滑稽的一页呀！

19. 结尾作者呼吁"对树充满敬意吧"，文章是如何逐层表现这一主旨的？（5分）

参考答案：

16.（4分）

与对待落叶冷漠而又高傲的人进行对比。表明人类要爱护自然，珍惜自然豪华慷慨的赠予，或突出天真的孩子和睿智的老人能与自然和谐相处。

17.（6分）

作者运用拟人、比喻、对比等修辞手法，从形、声、色等角度描写了秋光里的"黄金树"在告别仪式上端庄的表情，高雅的姿势，辉煌灿烂的景象，表达了作者对秋光里的"黄金树"由衷的赞美，为文意的转折作铺垫。

18.（6分）

（1）喻指拥有众多鸟兽的茂密而美丽的森林，表达了作者对森林变成荒原的忧虑。

（2）对想象中的情景发出感慨：人类滥伐森林又复制树木的行为是极其

荒唐可笑的。

19. （5分）

由秋天的表情，写到落叶及孩子和老人对落叶的态度，接着写树的成熟完美和作者对树的赞美，然后写树木被人类摧残的命运及作者的忧虑、谴责，最后写到作者的呼吁，从而揭示了文章的主旨。

独立思考辨析刍议

在读写教学中培养学生辨析能力

在学生记人记事的作文中，教师们常会发现学生们以是为非，或以非为是的现象对应该肯定的人和事进行指责、否定，或者把本来应该批评、谴责的反面的东西，当作正面事物来回味、抒写、赞颂。这类作文在学生中颇有迷惑性，怎样避免这种误区？笔者曾将报刊上或本校本班学生中这种是非不分或是非颠倒的作文交给同学们一起来讨论、分析、辨别。在实践中，本人觉得，通过分析病文来提高学生辨别是非、辨别真善美与假恶丑能力，是一种较为有效的教学方法。

不少学生的记人记事作文选材于儿时的生活，有时写得也算真实感人。但是，在这类作文中常发现学生们出现以是为非，或以非为是的现象，对应该肯定的人和事进行指责、否定，或者把本来应该批评、谴责的反面的东西，当作正面事物来回味、抒写、赞颂。这类作文在学生中颇有迷惑性，怎样避免这种误区？笔者曾将报刊上或本校本班学生中这种是非不分或是非颠倒的作文交给同学们一起来讨论、分析、辨别。在实践中，本人觉得通过分析病文来提高学生辨别是非、辨别真善美与假恶丑能力，是一种较为有效的教学方法。

（一）

有一天，一群学生正在热烈地争论一篇某报上刊登的文章《痛，在阳光下》，恰巧我走了进去，于是他们叫我当"裁判"。

该文记叙的是"我"（一个女孩子）上小学的时候看见别的女孩子穿了

新款凉鞋，又哭又闹央求妈妈买双新凉鞋。"妈妈一怒之下，把我按翻在她的大腿上，噼哩叭啦打起我的屁股来""并不许我哭"。这时"各家的孩子跑来看热闹，有的还朝我做鬼脸""我的两个要好的男同学，惊异地看着妈妈和我"。"妈妈不给我面子，在光天化日之下打我屁股""我憋了一股气""心里一急，便不顾后果在妈妈的大腿上狠狠咬了一口"，因此"留下了一个带齿印的疤痕，在妈妈的大腿上"。

"妈妈这一顿痛打，'我'的屁股现在还痛。可还有一种别样的痛，是对妈妈的，在心里"。妈妈大腿上的"疤痕在我的眼前晃动着，痛从心底慢慢溢出来。"

我看了这《痛，在阳光下》后，觉得怎样理解这"痛"，对提高学生辨别到底什么是真善美非常有意义。于是，我用墨笔把它抄出来，上课时，贴在黑板上，叫大家一起来评判。同学们读了后争论得非常起劲，激烈，形成了正反两种意见。

正方认为：小女孩有旧凉鞋不穿，纠缠妈妈买新款凉鞋，妈妈怕她追求打扮，不专心读书，打她的屁股是严格要求她，是教她要养成艰苦朴素的美德，完全出于一种母爱，一种善心。"痛，在阳光下"，这打，这痛，是培育女儿健康成长的阳光雨露。而小女孩不记恨母亲，却为自己咬了母亲而忏悔，而心痛，这表明她心地宽宏，善良，表现了一种人性美。

反方则说，那个母亲为一双凉鞋就痛打女儿，这样不顾女儿的面子，伤害女儿的自尊心，完全是一种丑恶的行为，并且，她对自己的丑恶行为毫无反思反省之意，被咬时"尖声地叫了起来"，似乎她打女儿屁股理所当然，并不许哭，而女儿反抗就是大逆不孝，这妈妈简直是残暴蛮横的恶妇。作为女儿，应该为母亲这种粗暴愚昧而心痛，但不必为反抗制止这种可怜可悲可恶的行为因而给了她一点皮肉之苦忏悔，心痛。女儿那一咬，无可指责，无需忏悔。如果任其母亲痛打，任其伤害自己的身体和心灵，那就是一种愚忠愚孝，也是一种奴性。在别无办法来制止的情况下，咬一口来反抗，来维护自尊心，无可非议。对"咬"的忏悔，就是对"是"的否定，就是以是为非，善恶不辨，美丑颠倒。

通过辩论，最后正方认识到反方说的有道理，大家对善恶美丑的认识有了提高，对《痛，在阳光下》也就有个较统一的正确评价。

（二）

有个时期，学生的作文中经常有回忆童年趣事的作文，比如回忆儿时掘蚯蚓钓青蛙，挖堤岸捉鳝鳖，或者跟父母铲草皮积肥料等等现在看来是损害公益的往事。小作者们对这些往事津津乐道，他们自我感觉写得起劲，写得真实，而其他同学，甚至老师也觉得它们写得有意趣，真切感人。但这种"真"到底是一种什么样的真呢？为了提高学生识别真假的能力，我曾选了一份语文刊物上登的与铲草皮积肥料内容相似的《树根》一文让他们讨论。

《树根》是一篇中学生的习作，它被当作"情真意切的好散文"选刊于一份被评为国家一级的优秀语文月刊上，并冠于同期被选的十五篇作文之首。它记叙的是"我"四五岁时，在"农村每个家庭都那么贫穷"的年代，母亲挖树根当柴火的事。小作者着力抒写"树根的火那么暖和和持久""我和母亲分享树根带给我们的安闲和安慰""树根为母亲分担了多少忧愁"，而父亲堆树根，好像"就是他心爱的艺术""树根维系着我们每天的生活"。结尾说："从那时起，我对生活有了永恒的希望"。

同学们看了这篇作文后，各抒己见，尤其对"情真意切"的评价形成了绝对相反的正反两派意见。

正方说：在缺衣少食的年代，树根给穷人生火煮饭发光发热，带给温暖和安慰；它无私奉献，化为灰烬，在所不惜。母亲感激它，父亲珍爱它，"我"从中看到了希望，增强了信心，这些内容真实可信，小作者流露的感情真挚动人，《树根》确实是篇情真意切的好散文。

反方则着眼于"挖"和"烧"。他们说：评论任何一件事，是可歌可赞还是可悲可叹，首先要看这事是否为人为公，是否有益于大家。如果是损人利己，损公利私，就应该批评，指责，扬弃，而挖树根，毁坏树木，破坏水土。母亲挖树根显然是损害公益的错误做法，是杀鸡取卵的愚昧行为。那关于父母对树根感激珍爱之情愈真诚愈可悲可叹。对这种错误的做法，愚昧的行为进行祖护、赞许、颂扬，感情愈真挚、愈强烈，副作用就越大，就愈应该否定。"真"

有好坏之分，有真正的好人好事好思想，也有真正的坏人坏事坏思想，如果认为凡是流露了真挚的感情，写得情真意切就是好文章，这不是一种谬论，也是一种误解。至于"从那时起，我对生活有了永恒的希望"，则是虚假的，无稽之谈，世人没有什么永恒的希望。挖树根，烧树根是毁坏毁灭，也无从萌发什么永恒的希望。

争论的结果最后大家在真假的问题上有了相同的看法，懂得了真的不一定是好的，做坏事的真，错误愚昧的思想行为的真，愈真愈应批评，以至唾弃。

（三）

学生不仅对往事缺乏辨识能力，对现实生活中的真实事物的认识和记述，往往也不能从事物的本质上来辨识美丑真假。例如，有一次我出了个《校园景物记》的题目叫学生作文，并要求所记真实。这个班的教室在二层楼上。有个学生在作文中写道："作文课前，我在教室门外，趴在栏杆上，朝前吐了一下口水，顺着口水看下去，看见了美丽的花池。"接下去，他就以花池为起点，记述校内景物。我在面评这篇作文时说道："假如把口水换成蝴蝶，即趴在栏杆上，眼前一只蝴蝶翩翩起舞，蝴蝶把你的目光带到了美丽的花池上。这样，形象和意趣就会比写口水决然不同了。"可是，那个学生反驳说："上课前我没有看见蝴蝶，那样写，不就不真实了吗？"

类似这个学生，对写真实，这样片面地机械地理解，不乏其人。他们错误地认为：写真实就是把客观事物照搬在作文本上。他们不了解，运用联想，对存在过或必然出现的事物进行缀合、抒写，会比照搬照抄下来的更具体、更真实。我对那个学生说，花池中有蝴蝶是已然或必然的。作文时，想象一群蝴蝶在花池上飞舞，会把花池衬托得更美，花池的面貌显得更真。相反，不加选择，机械地摹写，即使做到毫发不差，却往往会模糊，掩盖事物的本来面目，歪曲它的本质特性。画月画日，如果照实地画出月中"桂树"，日中"黑子"，那么朗月白日，就成了一盘麻饼了。更何况任何事物，在不同时间，不同场合，它显示的面貌不尽一致。有时能袒露本质特性，有时只是一种表象，甚至是假象。

我还对他说，要写得真实，就必须有取舍，有选择。怎样选择？就是去伪存真，去粗取精，选择那些能突出或烘托事物本质特性的。不加选择，一股脑写进文中，或随意抓住一点，一斑代豹，都可能将真实的事物歪曲得面目全非。又以花池为例，花池中有纷飞的蝴蝶，嗡嗡的蜜蜂，也可能会出现绿头苍蝇，长尾老鼠。描绘花池，如果把苍蝇、老鼠、蝴蝶、蜜蜂一同画上去，大煞风景，如果把蝴蝶、蜜蜂隐去，只见花上花下蝇飞鼠窜，这样的花池也就失去了供人欣赏，给人美感的价值，花池也就不成花池，而无异于垃圾坑了。

在我的作文教学中经常会出现这样的案例，我常与学生进行讨论辨析。在这个过程中，也可以把一些问题引申和深化。如谈到《树根》的真实问题时，指出对真的不能机械地理解，个别例子的真实，对整体来讲可能是虚假的，而作文可以也应该写得比现实生活更集中、更典型、更有普遍性。讨论辨析后，教师在此基础上，应该结合本班学生作文的类似情况，与之对照比较，我结合本班有的学生写的与父母顶嘴，同弟妹争吵一类作文，使他们辩证地理解那种顶和吵的原因、经过和结果，理在哪一方，不可不讲原则，不分是非，一味赞颂顺从长辈孝敬父母。只有经常这样让学生与之对照比较自己的作文，进行反思，才能提高辨析能力。

实际上，我们每天的课堂上都可能出现可供辨析的例子，我们作为语文教师要在课堂上能及时抓住，顺势引导学生去辨析，培养学生正确的审美观和人生价值观，这是现代化素质教育培养德智体美全面发展的综合性人才的要求。此外，在辨析的过程中，学生会综合运用到观察能力、理解能力、听说能力、表达能力等，使自己写作能力逐步提高。在此过程中，学生自己探索，互相启发，自主提炼观点，主体性得到发挥。总之，辨析是一个生动地、主动地、富有个性的过程，趣味性强，学生都乐于参与，又能提高学生的写作能力，教师何乐而不为呢？

学会以社会主人的身份说话
——与时俱进各抒己见

教写议论文，就应该培养学生自觉地反对附和盲从，拒绝人云亦云，敢于去写有感而发的话，去写自己判断的话。众所周知，写作是为了实现社会参与，使写作者在社会群体中获得一席之地；写作是个体对群体的发言，是参与社会的一种活动。必须给学生创造条件，必须根据学生的个性特征和未来生活的需要，确立学生的主体地位，尊重学生的主动精神，开发学生的智慧潜能，给他们面向生活、面向社会说话的机会，培养他们以社会主人身份说话的胆识和本领。这是培育思想、开拓视野、增长见识、认识生活、认识社会的重要措施，这也是教写作议论文的最根本的前提。

由于高考作文题多是写议论文，以往高中语文教师的作文教学，最重视花时间和精力最多的大概都是议论文。而讲议论文写作，往往颠来倒去，反反复复讲的是议论文的三要素，三要素中最强调的是观点要正确。所谓观点正确，就是作文立论必须是"圣人"之言，"或言圣人之道"。因此，学生写议论文，为了确保立论正确，几乎千篇一律地套用名人名言或前人的定论作为自己的立论。议论文写作成了去搜寻事例和话语来证明或阐释那些名言或定论的一种工匠活动。不少教师乐此不疲，指导学生进行这种工匠活动，去写"保险"文，去得"保险分"。这样教出来的议论文，只能是近乎枯燥单调陈腐的八股文，只能使天南地北的中学生，写同一题目时，在思想认识上如出一辙，都是用那么些干巴巴的共同话语应对问题，千篇一律。学生们一窝蜂地跟在别人的结论后面跑，按照别人的观点说，长此以往，竟不要把学生培养成应声虫传声筒学舌的鹦鹉？哪里有敢于以主人翁的身份面对社会面对世界说话的气魄和本领？

习近平同志在《努力克服不良文风积极倡导优良文风》的讲话中要求我们讲话要"讲有感而发的话……讲反映自己判断的话，不讲照本宣科的话"，"力求思想深刻、富有新意"。如今教写议论文，就应该培养学生自觉地地反对附和盲从，拒绝人云亦云，敢于去写有感而发的话，去写自己判断的话。众所周知，写作是为了实现社会参与，使写作者在社会群体中获得一席之地；写作是个体对群体的发言，是参与社会的一种活动。尽管中学生思想还不够成熟，生活还不够丰富，见识还不够广泛，以社会主人身份说话的条件还没有具备，但我们必须给他们创造条件，必须根据学生的个性特征和未来生活的需要，确立学生的主体地位，尊重学生的主动精神，开发学生的智慧潜能，给他们面向生活、面向社会说话的机会，培养他们以社会主人身份说话的胆识和本领。这是培育思想、开拓视野、增长见识、认识生活、认识社会的重要措施，这也是教写作议论文的最根本的前提。

近些年有不少关于语文教学要注重人文性、要弘扬人文精神的文章见诸报刊。其中有的特别强调要培养学生具有社会主人翁意识，要以社会主人的身份参与社会，用自己的眼光去观察社会上的人和事，用自己的头脑去判别是与非，用自己的嘴和笔去激浊扬清。有的赞颂梁启超20来岁写《少年中国说》、毛泽东19岁写《商鞅徙木立信论》，向今天的青少年学生推崇梁启超、毛泽东"少年如乳虎"的胆力，推崇他们青少年时就以社会主人的身份雄心勃勃地纵谈改造中国和提高全民素质的良知和责任感，魄力和雄心。我们应该敢于让学生"放肆"地以社会主人身份说话，让他们去探索未开垦的思想言论处女地，这样，他们的议论文才能写得有生气有内涵。

议论文教学要引导学生以社会主人的身份说话，就必须培养学生独立精神，增强民主意识，具备创造风范。而要培养这种胆力和本领，一个较为显著的有效方法是教师要善于抓住时机，从社会现实中选择话题让学生进行讨论。让学生以社会主人的身份对社会上的人和事发表意见，阐述看法。这是让学生参与社会生活的一种特殊的有益的方式。对此，教师必须消除顾虑，相信学生，既不可低估学生的知识水平与判断能力，以为他们谈不出什么名堂，也不能谨小慎微，怕他们的讨论"出格"，说出"不合时宜"的话。我们应该让他们的思想与见识在讨论中得到砥砺与锻炼，在思想中得到思想，在见识中增长见识。例如有的教师从《拿来主义》的课文中，从当地出现的或报刊上刊登的学生落榜自杀、官员贪污受贿等等事例中，拟出"送去主义与媚外与文化交流之我见""落榜是否就是人生的失落""XX 堕落，根源何在"等等题目给学生讨论。学生对这些题目颇感兴趣，在热烈的讨论中交流思想，分辨是非，追求真理，在相互协作和自我教育中锻炼和提高自己的思辨能力和论述能力。讨论后教师让学生再写作文，这样讨论后写出的议论文远胜于未经过讨论而写的。美国的威廉·斯威嘉特在《在讨论中汇集真知灼见》中说："让学生在讨论中形成和发现观点""探讨性谈话后学生完成的作文和写作的程序更加丰富"。探讨性谈话后让学生写议论文，坚持下去，就必定能写出有个性有生气富有内涵符合新时代需要的好议论文。

附一：《明晰文章优劣提升读写能力——读〈名文弊病辨析〉》

王 文

（我曾将本书中部分文章与高考满分作文的评析编在一起，以《名文弊病辨析》之名在网上发表过，现将网上《读＜名文弊病辨析＞》附于后，也许对读本书有些参考价值。）

我们读书，有的爱不释手，觉得是本好书；有的不能卒读，骂它写得差劲。但究竟好，好在哪里，差，又差在何处，却说不出多少缘由。这样读书，辨析不出文章优劣之所在，对提高读写能力收效必然不大。读朱龙云老师意在导读导写的《名文弊病辨析》，我们不免会惊叹，朱老师读书竟读得这样认真细致深入，他竟能把文章的得失利弊，真假美丑，辨析得非常清晰，并能用准确恰切的语言，使其优劣妍媸毕现在读者面前，从而也就使读者明白文章应该怎样读写和不应该怎样读写，从中受到启迪，提升自己的读写能力。

《名文弊病辨析》分为五部分，其中"高考满分作文品评""导读导写释疑"侧重评析文章的"得"，即品评美文佳作的优美，揭示其成功之所在，以及应该怎样读出读懂它的佳美，也即侧重从正面来导读导写。

　　朱老师品赏文章，往往是高处着眼，大处落笔，又写得实在到位。例如品赏今年北京考生的满分作文《细雨闲花皆寂寞，文人英雄应如是》，朱老师首先指出北京今年的"读诗写感想"是比喻象征性题目，写此类题目，首要的是找好找准比喻象征体的本体；而《细雨》的作者根据诗意赋予细雨闲花皆寂寞的共同特性，及"滂沱凄美""热烈"的情感后，联想到文人英雄，把他们作为细雨闲花的本体，命出了"本体好，立意高"的妙题；作者扣住"如是"，按"如是——应如是——真如是——如是可敬可赞"的顺序，似乎一挥而就，写出了这篇优美的满分作文。读者，尤其是高中学生，读这样见解独到深刻而又明白易懂的评析，必能很受启发，很有收益。

　　那些导读导写解疑的文章，朱老师是针对高中语文难懂的课文及有争议的问题而写的。朱老师写这些文章似乎举重若轻，例如导读钱钟书的《谈中国诗》，他只抓住第一段第一句"什么是中国诗的一般印象"，和该段中的七个"他"，提出哪几个"他"能发这个问，哪几个"他"不能发这个问，为什么能或不能。这样一问一分析，学生区分了这几个"他"，然后抓住第一句这个纲，提纲挈领，很难懂的课文就能很轻松地弄懂了。并且还因此信服了朱老师指出的《教师教学用书》上说的第一句是"开篇立论"，第一段是"交代作者论诗的根本立场"的理解是不妥的。又例如导读汪曾祺的《中国戏曲和小说的血缘关系》，朱老师仅抽出第一段中八类剧名，同学生一起将"中国戏曲"与"世界戏剧""戏剧式戏剧"等七个戏曲戏剧的关系用图表的方式标示出来。这样一标示，一导读，全文也就导活导懂了。

　　同导读的文章一样，那些释疑的文章，也很有独见，观点新颖深刻。例如：《是自我解嘲的笑，是苦笑——祥林嫂第二次笑之我见》《是泛指，不是特指——〈项链〉中"也是"之我见》等，就是对几乎公认为正确的理解提出了不同的见解。这些见解有理有据，令人首肯。

　　书中最引人的是"课文弊病指摘""写作指导正误""高考试题评卷异议"。

那些被指摘指正的文章，都是"一再躲过了编辑的眼光"，一再躲过了专家和教师们的眼光，而读了朱老师的指摘指正后，对那些文章，读者也必定会认同它们"在写作上确实存在严重毛病""朱龙云同志……所作的分析是中肯的"（转引书《序》中所引的某语文期刊发表朱老师文章所加的编后语）。

朱老师指摘的课文，有的针对文章的思想内容，如《〈枯叶蝴蝶〉事理相悖》《难以首肯的指责——〈剃光头发微〉异议》《读不懂的〈哲学家皇帝〉》《无休止地挨打，还笑？——读高中语文两首诗异议》等；有的是针对文章的写作艺术，如《〈孔孟〉的结尾大而不当》《是艺术魅力，还是文风不正——谈〈散文艺术的魅力〉的"艺术"》等；也有的仅评改病语病句，如《〈冬天之美〉语病甚多》《〈作家要锤炼语言〉的语言颇欠锤炼》《我们竟出生在古代——〈司马迁与〈史记〉〉语病例析》等。这些文章，不管是指摘大问题还是小毛病，都能切中肯綮，令人折服，也使人顿悟：文章不应这样写，词语不能这样用。

而"写作指导正误""高考试题评卷异议"则是指正教人写作和阅读不能这样教不能这样考。前者如《〈写作〉不宜作教材》《必须根据材料的主旨立意——与〈材料作文多角度立意思维方法浅谈〉的作者商榷》《切勿捧昏了学生——兼评〈菊花茶与菊花晶〉及其评析》等，后者如《选诗欠妥命题不当——2000 年高考语文卷第 9-10 题异议》《意在"整形"不属"手术事故"——96 年高考作文题中漫画理解正误》《高考卷荒唐的选文和命题——评 06 年 ×× 卷白话文选文及其试题》《别用奇文怪懂题考学生——现代文阅读怪题例析》等。读着这些异议和正误的文章，我们不能不感到吃惊和不安：要是没有像朱龙云这样较真的老师对指导写作和考核读写能力的文章和试题进行纠错正误，任谬误流传发展，任其误导学生，那真是误人子弟，祸害匪浅。

《名文弊病辨析》无论是品评文章的得，还是评析文章的失，都落脚在读和写上。作者意在通过文章得失例析，让读者懂得文章应该怎么读写，不应该怎么读写。这些文章是作者多年从正反两面导读导写的经验总结。我们期望更多的语文教育工作者总结交流自己导读导写的经验，有更多的像《名文弊病辨析》这样的著作，使读者明白文章的优劣得失，知其然，而且知其所以然，在读写能力方面取得较大收效。

附二：部分网络读者评语

"读了《辨析》一书的前两篇，《冬天之美》语病甚多，确实多；《枯叶蝴蝶》事理相悖，确实是所叙事物与所讲的道理互相矛盾，不合情理。当年读高中时，根本不知道这两篇课文有这么严重的弊病，今天读了辨析很受启发。"

"徐迟、艾青这样的名作家名诗人，他们选入高中课文的名作竟也经不起推敲。读书真不能盲目迷信名人名文。"

"也读了前两篇，觉得很有意思，但必须认真细读才能读懂读出味道来。"

"记得曾在报上读过《是艺术魅力，还是文风不正？——谈〈散文艺术的魅力〉的艺术》，现在将评析和被评析的文章对照读，更觉得评析者见解独到中肯，高中教材选编这样的《魅力》让人遗憾。"

"高中语文课文和写作指导一类文章，以前我极少发现它们有什么毛病，还总是按着教参照本宣科地贩卖给学生。现在读着那些辨析课父弊病的文章，像我及我相似水平的语文教师，真应该好好反思反思。"

"本书很值得那些与笔杆子打交道的人和语文老师看，否则整天把自己或他人的铜块当真金，把糟粕当精华，误人子弟，还自以为在为教育做贡献。"

"能辨析文章的优劣才能真正搞好读写教学。语文老师们，认真读读《辨析》中的文章，反思反思自己的教学。"

"我是高中学生，我们多么希望自己的语文老师也能像朱老师一样给我们从正反两方面来辨析品评课文"

　　"教参书上和语文老师分析鲁迅先生笔下的祥林嫂的第二次笑，几乎众口一词，说它是"悲惨人生画面上的一抹暖色，是灿烂的笑"。这真是谬种流种，误害学生。朱老师辨析它是自我解嘲的笑，是苦笑，理解准确深刻，令人信服。"

　　"教材编写者和语文教师更应该读读本书中的'导读导写释疑'的文章，纠错正误，以免一错再错，贻误学生。"